高校健美操教学改革与信息化发展研究

王若菲　田静静　郑　辉◎著

中国原子能出版社

图书在版编目（CIP）数据

高校健美操教学改革与信息化发展研究/ 王若菲，
田静静，郑辉著. --北京：中国原子能出版社，2024.

12. --ISBN 978-7-5221-3741-4

Ⅰ.G831.32

中国国家版本馆 CIP 数据核字第 20245VU045 号

高校健美操教学改革与信息化发展研究

出版发行	中国原子能出版社（北京市海淀区阜成路 43 号　100048）	
责任编辑	王　蕾	
责任印制	赵　明	
印　　刷	北京九州迅驰传媒文化有限公司	
经　　销	全国新华书店	
开　　本	787 mm×1092 mm　1/16	
印　　张	11	
字　　数	148 千字	
版　　次	2024 年 12 月第 1 版	2024 年 12 月第 1 次印刷
书　　号	ISBN 978-7-5221-3741-4	定　价　78.00 元

前　言

　　健美操作为现代体育教学体系的重要构成项目,集音乐、舞蹈、体操及美学为一体,它因自身固有的价值和魅力而备受青少年大学生青睐。健美操不仅可以提高身体的柔韧度和协调性,同时也可以增强肌肉的力量和耐力,使身体更加健康和美丽。随着人们生活程度的进步,健美操逐步走进人们的生活,当前健美操如雨后春笋遍地开花,如今对健美操的研究横向纵向平衡开展,越来越科学化、系统化,这些客观的条件为当前高校健美操课顺利展开打下了坚实的根底。

　　在这个竞争日趋激烈的时代,人才是取胜的关键因素。高校作为人才培养的主要阵地,在世界各国中都占有不可替代的地位,高校教育发展也因此备受关注。在这种形势下,我国着重建设素质教育体系,对高校健美操教学提出了新的要求和挑战。高校健美操教学要树立改革发展的意识,不断优化师生教学环境,如此才能实现可持续发展,进而培育出更多满足社会需求的高素质人才,以提升我国的综合竞争力。随着新课程改革的不断深入,高校健美操课程也在不断创新发展,为学生提供更加丰富多彩的健康体育课程。通过完善课程设置、强化师资力量、健全教学环境、强化实践教学和加强与校园文化建设的结合,可以为高校健美操课程的创新发展提供有效的途径和路径,使其更好地适应新课程改革的要求,为学生的全面素质发展和身心健康打下良好的基础。

　　在本书的撰写过程中,作者不仅参阅、引用了很多相关文献资料,而且得到了诸多同行及亲朋的鼎力相助,在此一并表示衷心的感谢。由于时间仓促,水平有限,书中难免存在欠妥之处,恳请广大读者不吝赐教。在引用标注过程中难免有所遗漏,敬请包涵指正。

目 录

第一章 健美操概论

第一节 健美操的基础知识

一、健美操运动的分类与基本特征

（一）健美操运动的分类

根据目的任务健美操可划分为健身性健美操、表演性健美操和竞技性健美操三大类。

1. 健身性健美操

健身性健美操主要以健身、健美、健心为目的，在编排上体现出较大的随意性，时间可长可短，不受场地和器械设备的限制，重在锻炼价值。其练习形式可分为热身部分、有氧练习部分、形体练习和放松部分等几大块。成套动作一般是从头颈、四肢、全身、跳跃、放松等练习顺序来编排的。活动的顺序是从身体的远端开始，逐渐过渡到躯干部位。其运动强度和难度相对较低，重复次数多，动作对称，活泼流畅，讲究实效，有针对性，节奏感强，使练习者锻炼后轻松自如，从而提高身体的工作能力，达到再现自我的效果。这类健美操适合社会各阶层和各年龄阶段的人，是一项很好的体育休闲、娱乐健身活动。

健身性健美操根据健身主体不同的需要，从不同的角度、按不同的特征又可分为许多种类：

第一，按人体解剖部位划分，有颈部健美操、肩部健美操、手臂健美操、胸部健美操、腰腹部健美操、髋部健美操、腿部健美操等。这几类操是对人体某个部位进行有针对性地锻炼。

第二，按年龄划分，有老年健美操、中年健美操、青年健美操、少儿健美操、幼儿健美操等。这几类操是根据人在不同年龄阶段的不同生理、心理、体态、体能等特征和锻炼需要创编的。

第三，按目的任务划分，有姿态健美操、形体健美操、节奏操、医疗保健（康复）健美操和减肥操等。这几类操主要是为突出某种锻炼目的而创编的。

第四，按练习形式划分，有徒手健美操、持轻器械健美操、专门器械健美操等。这几类操中徒手健美操最为常见。手持轻器械健美操中常用的器械有哑铃、球、橡皮带、棍等；专门器械健美操中常用的器械有踏板、圆盘、体操垫、健身器等。

第五，按性别划分，有男子健美操和女子健美操。

第六，按人数划分，有单人、双人、三人、六人和集体健美操。集体健美操多在表演和比赛时采用，其中除了包括平时锻炼的动作外，往往增加一些动作组合和队列、队形的变化，以反映练习者平时锻炼的成果。

第七，按人名、动作特点划分，有简·方达健美操、瑜伽健美操、迪斯科健美操、武术健美操、仿生健美操等。

2.竞技性健美操

竞技性健美操是运动员在音乐伴奏下，通过难度动作的完美完成，展示运动员连续表演复杂和高强度动作的能力的一类操。竞技性健美操起源于传统健美操，是在传统健美操的基础上发展起来的。竞技性健美操以成套动作为表现形式，要求运动员展示连续的动作组合、柔韧性、力量与七种基本步伐的综合使用，同时结合难度动作的完美完成。竞技性健美操的主要目的就是"竞赛、取胜"，因此在动作的设计上更加多样化，并严格避免重复动作和对称性动作。竞技性健美操可按比赛的规模、项目、参赛年龄进行不同的分类。

（1）按比赛的规模分类

①国际比赛

目前，国际上规模较大的竞技健美操比赛有国际体操联合会（FIG）组织的"健美操世界锦标赛"，国际健美操冠军联合会（ANAC）组织的"国际健美操冠军赛"和国际健美操联合会（IAF）组织的"健美操世界杯赛"。

②国内比赛

我国正式的竞技健美操比赛有"全国健美操锦标赛""全国健美操冠军赛""全国大学生健美比赛""全国体育大会健美操比赛"，此外还有一些非正式的通级赛和各省市的比赛。

（2）按比赛项目分类

竞技健美操比赛的项目有：男子单人操、女子单人操、混合双人操、三人操（性别任意搭配）、六人操共五个传统项目。

（3）按参赛年龄分类

竞技健美操按参赛年龄分为成年组和少年组两个级别。运动员年满18周岁可参加成年组比赛，少年组比赛在成套难度动作的选择上有所限制。

3.表演健美操

随着世界健美操运动的快速发展，人们对健美操的认知也逐渐加深，在原本健身性健美操和竞技性健美操的分类基础上，又分出了一种社会性很强的表演性健美操。它融合了现代舞、爵士舞、艺术体操等艺术形式的特点，经过技术性的处理与创编，动作简单易学，形式活泼多变，造型美观，富有激情和表现力，在音乐的衬托下，编排出一幅动感活泼的画面，展现表演者的刚强、自信和健美形态的同时，让欣赏者感受到美的体验。近年来，随着健美操运动在我国的快速普及与发展，表演性健美操因其审美价值在文艺节目、许多的社会活动和大型赛事上频频出现，不仅让更多人群认识了健美操运动，同时也促进了它的发展。

（二）健美操运动的基本特征

1.健身性健美操的特点

（1）保持有氧代谢过程

健身性健美操的动作及组合设计，都是以保证健身者在运动过程中能够最大限度地摄入氧气并充分利用氧化反应来燃烧体内的脂肪作为能量供给为前提的，以此实现加快体内新陈代谢、重新建立人体更高机能水平的目的。在有氧运动中，呼吸系统、心血管系统及大脑中枢神经都得到良好的锻炼，特别是对于肥胖体形的人们来说，有氧运动在消除体内多余脂肪、调节脂肪静态平衡、保持健康、增强体质等方面具有良好的效果。

（2）广泛的适应性

健身性健美操练习形式多样，多以徒手进行锻炼，不受场地、环境、气候等条件的影响，在公园、厅堂、家里等场所，都能很好地进行锻炼；同时，健美操也可借助于轻器械进行锻炼,如:哑铃、踏板、橡皮筋、健身球等,所产生的锻炼效果是显著的;另外,水中健美操对中老年人可以起到辅助养生的作用,对一些慢性病、身体创伤待康复的病人能起到较好的辅助治疗作用。

健身性健美操既可以在舞台上表演,也可以在大小聚会中娱乐。一般人可选择低强度的有氧练习,达到锻炼身体、娱乐身心、保持健康的目的;而对具有较好身体素质并有意进一步提高训练水平的年轻人来说,可选择难度较高、运动量较大的竞技健美操作为练习的手段,满足其进取心。

(3)注重个体差异

健身性健美操生动活泼、轻松自如、随心所欲的运动形式早已被大众所接受。其动作套路形式多样化,套路有长有短,节奏有快有慢,动作有难有易,运动量和运动强度的大小可任意调节,适合于不同阶层、不同行业、不同年龄、不同性别、不同体质的人们进行锻炼,各种人群都能从健美操练习中找到适合自己的方式,都能从健美操练习中得到乐趣。

(4)健身的安全性

健身性健美操所设计的运动负荷及运动节奏,充分考虑了由运动而产生的一系列刺激结果,使之适合一般人的体质,甚至包括弱体质的人都能承受的有氧范围。人们在平坦的地面上,在欢快的音乐声中,跟随快慢有序的节奏进行运动,十分安全,而且有效。

2.竞技性健美操的特点

(1)动作特点

竞技健美操的动作必须设计成对应的动作结构,有明显影响身体某一部位的目的性。强身健体是竞技健美操的主要功效性之一,在动作设计时应遵循符合强身健体和人体艺术造型的规律。在编排动作时,不但要考虑到对身体各个部位的影响与提高力量、柔韧、协调、灵敏以及持久耐力等各种素质的练习,而且还应在运动形态上有舞蹈造型美、外形美、力量美的特点。

(2)编排特点

遵循竞技健美操的结构,一套完整的竞技健美操应有其自身的结构,编排时要注意层次,起伏对比,扬长避短,时刻配合音乐风格。开始部分可称为凤头,编排需要做到别致新颖,才能引人入胜。一套竞技健美操必须有高潮部分,才能使整套操有起伏对比的效果。高潮部分的特点就是动作激烈,动作速度快、幅度大、节奏强、力度强劲,是一连串使人目不暇接的联合动作。这套动作最能激发情感,运动负荷也是全套动作的最高水平。一套竞技健美操可以有一或两个高潮。有的成套动作在高潮部分戛然而止,形成静止造型状态,可收获较好的表演效果。

（3）音乐特点

音乐快慢与健身价值有很大关系,节奏快,运动量大,生理负荷也就大,运动员消耗的能量也多,对运动员身体素质要求更全面。节奏快慢还与健美操的类型有很大关系。据统计,竞技健美操音乐速度多在每 10 秒钟 26 至 30 拍之间,而健身健美操音乐速度多在每 10 秒钟 20 至 26 拍之间,说明竞技健美操相较健身健美操速度更快,更具有激情和感染力,对运动员素质要求也更高。音乐节奏的快慢和强弱,音调的优美和谐,直接关系到动作节奏的快慢、幅度的大小、动作的高低起伏及运动负荷的大小等。我们应尽量使音乐节奏与动作的进行相吻合。

（4）运动员体型特点

健美操是健与美的结合,竞技健美操更是健、力、美的体现,因此,运动员的体型有其项目本身特殊的要求。男子应展现肌肉,身高适中,身材匀称;女子应表现为有力度的丰满健壮,具有时代美,如结实、粗壮、有女性特有的线条美。体操型、艺术体操型、舞蹈型身材都符合此项目特点。一名优秀的竞技健美操运动员只练操的动作是远远不够的,还应加强力量性练习,使动作有力度且体型具有线条美。而在混双、混六项目中,还要考虑到男女运动员身材比例是否协调,如果男女运动员身材差别太大,则会影响整体效果,也会影响一些配合动作的完成。

3.表演性健美操的特点

（1）观赏性

表演性健美操,顾名思义就是以表演为主的一种健美操形式,可供人们观赏。它融入了许多经过改编的舞蹈动作,又伴有强而有劲的音乐,给人们一种赏心悦目的新感觉。它不同于竞技性健美操和健身性健美操,它在难度和表演内容上不受规则的限制,编排者可以根据表演者的自身特点编排动作,自由发挥,达到吸引观众眼球的效果。

在健美操运动项目中,最重要的是动作与音乐这两个组成部分,它们是不可分割的统一整体。健美操是在音乐伴奏下进行的,音乐为健美操动作提供了最基本的节奏,使健美操动作按照有规律的节拍,以一定的韵律进行,两者之间相互配合,不可分离。而在表演性健美操中,音乐则是它的灵魂,是它的强化剂,音乐对于突出表演性健美操的风格和特点、渲染气氛、增强其艺术感起到了极其重要的作用。在音乐欢快的气氛中,充分显示了运动员们青春的活力和朝气蓬勃的精神面貌。健美操运动与音乐的强烈的节奏性使健美操更具有感染力,也使健美操比赛和表演更具有观赏性。

在观赏健美操表演的同时,观赏者不仅对表演者那富有优美线条的形体有深刻的印象,那节奏鲜明的音乐还会使他们振奋起来,随之会带来轻松愉快的情绪,其中也会有美的感受。而在表演性健美操中穿插的难度动作更会使观赏者在欣赏的过程中为之惊讶,使观赏者加深对健美操的喜爱。健美操表演者随着音乐翩翩起舞,舞姿的优美、协调,动作的灵活,反应的灵敏以及表演者的喜悦,都给人以美的情感体验,人们能从中分享其感受到的美的欢悦,就像自己安身其中,与表演者达到了情感上的沟通,沉浸在美的享受中。当健美操表演者在场地里快速多变的跃动时,人们还可以从中体会到青春的活力,有一种十分想融入的冲动。

（2）艺术性

健美操是一项艺术性很强的新型运动,无论是表演还是比赛,因为有难度、有变化并且极富可视性和趣味性。健美操运动有三个显著的特点:高度的艺术性、强力的节奏性和广泛的适应性。表演性健美操则把健美操的艺术性完美地表现了出来,其独特新颖的编排,与众不同的音乐选配,充满活力、动力、趣味和快乐的外在表现,都表现了我们这一代人对"美"的重新认识,具有特殊的艺术感染力。表演性健美操具有动作美、路线美、韵律节奏美、音乐美和环境美等特点,它不仅使人们得到美的享受,还使人们追求美的天性得以满足。表演性健美操的动作,是由各种类型的动作有序地编排、巧妙地组合而成的。群体的配合,位置队形的变化,配之以强而快的乐曲节奏,构成一幅刚健、优美、丰富多彩的动态画面,给人以美的感受。这也使表演者在表演时,切身体验到了表演性健美操的鲜明节奏、动作力度和幅度所带来的美感,满足了自己对美的表现欲望,也让人们感受到美的享受。

在以前的各种艺术表演中,歌舞节目占有很大的空间。但随着健美操运动的发展以及人们对健美操运动的认识和了解,大家已经不再满足只欣赏音乐舒缓的歌舞表演。随着生活节奏的不断加快,人们需要的是一些节奏感非常强的艺术表演。而表演性健美操则满足了人们的这一需求。表演性健美操是建筑艺术,具有立体感;它也是舞蹈艺术,是人体动作的精华;它又是绘画艺术,直观性、具体性很强;它还是音乐艺术,"凭借"声音来塑造形象;它更是运动艺术,最大限度克服心理障碍,挖掘身体潜能。表演性健美操是各种艺术并存,是美的荟萃,可以适应人们不同的审美需要,能满足人们快节奏的需求,更能满足人们多样化的艺术享受。

（3）社交性

从体育社会学的角度分析,健美操是体育文化的重要内容之一,是一种特殊的社会文化活动,这就为学校提供了社会规范教育场所和社会实践的机会。在健美操专项活动中,学生们参与和尝试"社会角色",学习了作为社会个体所需要的行为能力、行为方式、行为准则和行为规范等,同时也促进了体育文化的传播与发展。就社会发展而言,健美操将作为社会和经济发展的一个组成部分,坚持为地方经济和社会发展服务的正确方向,推动本地区社会经济的快速发展。

而当表演性健美操在社会上流行时,不仅推动了学校健美操项目的开展,同时也在很大程度上反映了学校的整体面貌和学生的精神面貌,直接反映了学校的整体教学质量。在社会交往方面,进行多次的健美操表演,既给学生提供了锻炼的实践机会,使他们广泛接触社会,向社会展示他们的能力,体现自身价值,又为学校做了广告宣传,扩大了学校在社会中的影响,取得了良好的社会效益。在人们观赏表演性健美操的同时,也会被健美操运动的"健、力、美"所感染,从而积极地参与到健美操这项运动中来。这样不仅有利于在社区里开展一些健美操的活动,也会促进健身俱乐部的发展,并推动社会经济的发展。

二、健美操运动的价值

价值是人们对物质、文化的一种需要,价值的产生是物质、文化自身所固有的功能决定的。功能的多少、作用的大小决定了人们的需要程度。"体育价值观是体育行为的杠杆。"健美操作为一种特殊的社会现象,是体育运动的一部分。它的兴起和发展深受广大群众的喜爱,使人们在健美操运动实践中受益巨大,对于指导健美操运动的教学、训练具有重要意义。

(一)体育学价值

健美操运动能有效地促进人体的全面发展,体育学是研究人身体全面发展的一般规律的综合性学科。作为体育运动的基本内容和实现体育运动目的的手段与方法的健美操,是体育文化系统中的新生事物,是体育学研究的对象。当前社会已经步入了科学化、自动化、信息化时代,人们繁重的劳动量将减少,工作时间缩短,休闲时间增多,丰富多样的体育活动必然成为人们提高生活质量、满足自我需要的高级精神享受和追求。随着社会的不断发展进步,人们对体育的内容、手段和方法,提出了多样化的要求,这些要求使人们在娱乐中运动,更好地达到完善自身、改造自我、适应社会需要的目的。

健美操在我国的兴起与蓬勃发展的实践证明,它是实现体育基本目的、使身体得到全面发展的基本手段,是人们十分喜爱的体育项目。由于健美操运动对场地器材要求不严,内容丰富多样,男、女、老、少皆宜,能使参加者产生浓厚的兴趣,易于开展。

健美操运动有明显的教育作用。从形式上健美操可以个体练习,但更多的是群体练习,在运动过程中要求参加者相互配合,整齐划一,可以培养热爱群体的集体主义精神。健美操是快节奏的运动,要求 10 秒钟完成 28 拍左右的动作,在 2~3 分钟内完成一套动作;身体负荷大,每分钟脉搏可达 180~230 次。长期在要求高、运动量大的情况下练习,能培养吃苦耐劳、勇敢顽强的进取精神。这对培养跨世纪的人才,适应快节奏的生活、学习与工作,很有好处。

健美操运动过程中能创造美。健美操艺术性要求很高,融人体美、动作美、音乐美为一体,参加者在活动中可以创造美、欣赏美,从中获得美的享受。

健美操由于具有体育教学价值而受到重视并在全国迅速普及,我国已把健美操列入全国单项比赛项目,全国大学生和全国工人运动会已把它列为正式比赛项目。可以预言,健美操运动必将在我国更快、更好地得到发展。

(二)运动学价值

运动是体育的核心。运动学是体育科学中的一门综合性学科。研究对象是人体运动的一般规律,把运动知识系统化、理论化,可以更好地指导体育运动实践,达到体育的目的。

健美操是运动学的内容之一。健美操运动遵循了人体运动的一般规律,形成了具有独特风格的运动形式,丰富了人体运动的内容,是强身健体的有效手段和可靠方法。健美操动作是以人体肌肉活动特有的运动形式产生的负荷,作用于人体,使肌纤维变粗,肌肉更加发达;同时刺激内脏器官,促进呼吸、循环、消化、神经等系统机能的提高,满足肌肉负荷后的需要,保证整个有机体在新的情况下达到新的平衡。由于肌肉的不断发达,内脏器官功能不断提高,不断挖掘机体内部潜力从而达到更快、更高、更强、更难、更新的运动目的,培养勇敢顽强、不断进取的运动精神。健美操具有明显的运动学价值,赢得了群众的喜爱,成为当代社会中喜闻乐见的体育运动项目。

(三)美学价值

健美操是综合性、艺术性很强的体育运动项目,融体操、舞蹈、音乐为一体,具有丰富的美学内容。健美操为人们创造了大量的审美客体。人体是最美的艺术品,千姿百态,是人们对自身长期追求完美的结果。美存在于人的一切活动中。在健美操运动过程中,也存在着大量的美。通过健美操活动,可使人体外形更加匀称和谐,体态更加刚健、优美,动作有力而柔软、富有力度感,实现自我美的愿望,成为他人的审美客体。健美操创造着审美主体。健美操动作是由各种类型的难度动作有序地编排、巧妙地组合而成。群体的配合,位置队形的变化,配之以强而快的乐曲节奏,构成一幅刚健、优美、丰富多彩的动态画面,给他人欣赏;并把自己看到的形态美、姿态美、动作美、服饰美和听到的音乐美结合起来,在情感上进行调整梳理,自我欣赏,得到美的享受。

健美操创造审美能力。对美的享受、美的领略、美的捕捉,离不开审美客体,同时还取决于主体是否具有审美能力。一个人审美能力除了与社会条件、经济地位、文化素质有关外,还受自我身体条件的限制。参加健美操运动,人们改变了自我的形体、姿态等身体条件,并在健美操优美动作的影响下,不断地进行着提高感知、情感、想象、理解等审美活动,创造审美能力。

(四)心理学价值

健美操是一项全身的、大运动量、快节奏的娱乐运动,对参加者的身心有很大好处,有明显的心理学价值。健美操是强身健体调节心理平衡的运动,这种由走、跑、跳等基本动作、难度动作和操化了的其他动作组合编排而成的全身运动,不仅能够促进直接参与活动肌肉的发展、提高力量,并且也能促进内脏器官和神经系统机能的提高。神经系统是肌肉活动的指挥中枢,内脏器官是肌肉活动的保障系统,人体运动是在神经系统支配协调下进行的。健美操是多种类型动作有序地不间断地进行,必然伴有大量的认知心理活动,可使参加者知觉敏锐,观察准确,记忆、判断能力得到发展。

健美操运动可以形成喜悦氛围。由于健美操运动可使形体更加匀称协调(这在现实生活中是不能实现的),从而使参加者产生喜悦心情,爱美之心得到满足,生活更加美满。健美操是快节奏力度感很强的运动,能使人的情绪激昂,产生愉悦感,对学习、工作更有信心。

健美操运动具有调节人际关系的作用。由于健美操是一种群体运动,在集体场所进行,能使参加者体验到个人与集体的关系,把"我"置于"我们"之中,起到协调人与人之间关系的作用。因此,在健美操活动过程中要以心理活动规律为依据,正确认识在活动中出现的心理现象并解决其所反映的问题,使运动心理学的研究内容更加丰富。

(五)生理学价值

运动生理学是一门研究人体对运动的反应和适应的学科。健美操是一项快节奏大负荷运动,会对人体产生一系列作用和影响。这种影响不仅对参加运动的人的肌肉、骨骼有提高功能的作用,而且也会使呼吸、循环等内脏器官和神经系统在肌肉运动的刺激下获得正常生长和充分发展。因此运动生理学与健美操运动密切相关,并为健美操运动提供理论基础。

健美操运动的强身健体作用明显。通过参加健美操运动,可使肌纤维变粗且坚韧有力,增加蛋白质及脂肪储备量,匀称、协调地发展肌肉、骨骼、关节,形成正确的体态和健美的体形。健美操运动是快节奏大负荷有氧代谢运动,氧气摄入量大,对增强呼吸功能、提高呼吸效率很有帮助。有关资料表明,在一次对各种年龄层次的调查中发现有99%以上的人参加健美操运动后,增进了健康,减少了疾病。健美操对减肥、消除多余脂肪,保持健康体形尤为重要,因此深受青少年的喜爱。

在健美操运动过程中要以运动生理学为理论基础,结合健美操的运动特点、以人体运动机能形成规律为指导,在实践过程中发现问题、解决问题,以丰富运动生理学研究内容为目的,促进健美操进一步向科学化发展。综上所述,健美操是多功能、高价值、人们喜爱的体育运动项目,它易于开展,是落实"全民健身计划"纲要的好形式、好内容,适宜在各类学校、机关、企事业团体中开展。

第二节　健美操运动的发展简况

一、国际健美操发展

(一)项目起源

竞技健美操源于大众健美操,其后伴随各国际组织的建立,制订相应的竞赛规则,举办各种规模的国际赛事,迅速超出大众健美操范畴,不断向人体极限挑战,逐步发展成为以竞赛为目的的竞技性健美操。

(二)国际组织

目前国际上主要有三大组织,开展着世界范围内的健美操赛事与活动。它们之间既有各自独立的管辖与职权,同时又有共同的合作与分工。三大组织基本情况:

国际体操联合会(FIG)是1881年成立的世界第一个单项体育联合会,在1994年第六十九届国际体联代表大会上决定,将竞技健美操引入FIG所属项目,并相继颁布了竞赛规则,主办健美操世界锦标赛。当时它凭借自己的资格、组织机构、赛事影响与规模、水平等优势条件,准备将健美操推向奥运会。由于FIG是已经得到国际奥委会和国际体育单项联合会承认的国际组织,健美操可作为该组织所设立的一个竞赛项目进入奥运会,IAF和ANAC也纷纷助力,扩大其组织范围与赛事规模。从20世纪中期开始,国际体育单项联合会

(GAISF)和国际运动委员会(IWGA)就已经在它的体操类运动中设有并发展健美操这一项目。

(三)规则演变

由于三大国际健美操组织在洛杉矶会议达成共识后,开始修正共同的健美操竞赛规则,使之更加符合健美操独一无二的项目特征,确保竞技健美操作为一个独立的竞赛项目,按照其自身的竞技特色进行发展,争取早日进入奥运会。

早期的国际赛事设立了4个单项:男单(IM)、女单(IW)、混双(MP)和三人(TR)。2002年由巴西健美操协会提议、国际体联技委会审定、执委会批准通过的集体六人操项目(GR)正式列入了世界锦标赛,初步确立了健美操运动国际赛事的立项工作。

FIG竞技健美操的规则演进主要体现在维护项目特色、提倡独创套路、突出操化动作的艺术价值、减少难度动作数量、提高成套动作的完成规格等方面,其发展的主要目标是早日步入奥运会。

(四)技术发展

1.竞技健美操成套动作的设计是各参赛国家之间的智慧较量与文化的交流

国际竞技健美操比赛不单纯是一种体能和技艺的对抗,更是各参赛国家之间展开的一场智慧的角逐,其中渗透出不同国家、不同地域的不同文化。也就是说,世界范围内的竞技健美操竞争,实际上是各个国家通过依据统一的竞赛规则,编排设计出成套动作,通过竞争的形式来进行着健美操领域内的各国文化的传播与交流。这种形式是相对稳定的,只有对编排设计认识到这一高度上,才可能编排出精品。

2.难度动作是竞技项群类所有竞赛项目中运动训练的重点和比赛获胜的关键

竞技健美操作为一个独立的运动项目在其发展过程中自始至终保持着鲜明独特的项目特色与动作风格。难度动作是健美操运动员体能与技艺的体现,是健美操成套内容的组成部分。竞技健美操竞赛着眼运动员在音乐伴奏下,完成多种复杂动作组合的过程中,保持整个身体的标准姿态能力。"难度动作是竞技健美操成套河流上的浮冰。"

难度动作的完成质量取决于运动员所具备的完成该动作的身体素质能力和所掌握的完成该动作的正确技术要领。"对于成套动作中所采用的难度动作,应当力求完美,因此要求运动员具备与完成该难度动作相符的身体素质,任何与完美完成的偏差都将予以减分。"

3.提高成套动作的完成质量系统的概念与分类

提高成套动作的完成质量系统,是指一个将成套选用的音乐、成套动作的完成以及运动员的表现进行有机结合训练的系统,它以不断进行系统内的有序分化、增加和累积成套动作的完成质量系统信息量为组合目标。换句话说,提高成套动作完成质量的过程,是一个增加系统信息量的过程,即一个完善成套动作的有序程度的过程。该系统包括成套音乐系统、动作完成系统和运动员表现系统。竞技健美操技术所涉及的主要是完成动作系统和运动员表现系统。"以最少的体力和时间完成最精确的动作。"竞技健美操动作完成系统的有序化过程,是通过动作完成的姿态、动作完成的准确性、动作完成的强度和集体项目的一致性来共同实现的。

（五）国际规模

在各类由国际组织举办的综合性世界运动会中,健美操项目也频出不穷,尽显风采。

FIG 在以政治外交为指导下推进项目发展模式的同时,也逐步意识到健美操自身不能因循守旧地按照体操的专业技术发展为唯一的方向,健美操来源于团队健身运动,忽视了大众人群,这条技术发展之路会越走越窄。由国际体联健美操技术委员会（AER－TC）提案、世界大学生体育联合会（FISU）审定的8～10人的有氧舞蹈和有氧踏板两个来源于传统有氧健身、又深受大学生喜欢的以展示团队表演为参赛形式的新项目正式立项,同时也明确了国际健美操项目普及与提高齐头并进、比翼双飞的发展方向。

二、我国健美操发展

（一）我国健美操的阶段历程

健美操运动进入我国是在 20 世纪 80 年代中期,随着国际健身热潮进入我国。由于健美操运动的时尚性和国际性特征,在国内的发展经历了自发组织、国际接轨和专业指导三个阶段。我国健美操协会也随着国际发展形势的需要,国家体育总局内部由社会体育指导中心指导健美操发展调整到体操运动管理中心管辖。

我国健美操协会为在全国开展国际竞技健美操裁判员与教练员的培训,首次聘请外国专家讲学。我国的竞技健美操要想走向世界,就必须以国际的评判标准来指导国内的发展。我国的竞技健美操与世界接轨过程也就是一个国际标准化的过程。

(二)全国赛事的发展规模和专业程度

我国健美操协会在狠抓队伍建设、确立国际地位的同时,加强规范了全国范围内的竞赛培训和项目管理工作。首次推出了《健美操运动员技术等级标准》,并在全国锦标赛中设立了青少年项目组别;专设以全国行政区域为限定的全国青少年锦标赛;进一步完善了全国联赛管理制度、裁判员管理制度、全国联赛积分管理办法和全国联赛备案管理条例等一系列举管理办法。

目前健美操在我国的开展势头越来越猛,已经成为大、中、小学首选的体育项目之一。健美操运动在中小学的蓬勃兴起,不仅推动了全民健身运动的深入开展,也为竞技健美操后备力量的培养走出了一条希望之路。

我国健美操协会本着在中心指导、大胆开创、自主研发、行为规范的理念,建立了专以竞赛服务为目的的健美操竞赛网和得到国际体联认可和好评的CHINATIMING 健美操赛事管理系统。

我国健美操竞赛网是集健美操赛事新闻发布、赛事报名、成绩公布、学术交流等功能于一身的健美操赛事综合性网站。

CHINATIMING 健美操赛事管理系统是专为健美操项目研发的一款集裁判评分、比赛控制、录像监控、裁判评估和成绩公告的专业竞赛智能系统。本系统通过专业的数据录入、分析与分发,为裁判员、教练员、运动员展示专业的评分数据界面,为电视转播和综合性比赛的成绩合成,提供了专业匹配的数据接口和比赛信息。目前主要包括 5 组应用模块,即裁判评分系统、比赛控制系统、录像监控系统、成绩公告系统和环境维护系统。

目前健美操除了每年延续着单项联赛、锦标赛和冠军赛的赛事管理运行体系,同时也是全国体育大会、全国大学生运动会和全国中学生运动会的常设项目。与此同时,我国健美操协会继续加强与教育部、全国妇联、国家民委、我国人民解放军原总政治部等其他部门单位的横向联系,展示健美操运动独特的项目魅力,扩大健美操运动的社会影响力。

健美操,这项集音乐、舞蹈、体操于一体,以健康、美丽、快乐为享受的舶来品,在新的历史时期下,与传统的健身方法一起融合,形成了一种时尚、风光、雅俗共赏的健身文化。无论是"洋为中用"的先拿来后创新,还是"古为今用"的先继承后发扬,这项后劲十足的潜优势运动必将在中华民族伟大复兴的历史新时期下展示自我独特的项目魅力。

第二章　高校健美操基本理论

第一节　健美操运动的生理学基础

一、健美操运动的物质代谢

在健美操运动中,活动的主体是人。人体的能量来源就是通过摄入体内的糖、脂肪、蛋白质、维生素、无机盐、水等物质的代谢。物质代谢是合成代谢和分解代谢两个相互联系的过程,健美操运动的物质代谢主要包括糖代谢、脂肪代谢、水盐代谢和蛋白质代谢。

(一)糖代谢

为了更好地了解健美操运动的糖代谢,就必须了解糖对人体的作用和在体内的代谢过程。糖是人体组织细胞的重要组成成分,也是运动者所需能量的重要来源,对人体有着重要的作用。人体每天所需的能量大约70%是由体内的糖提供,并且与脂肪和蛋白质相比,糖在氧化时需氧较少,所以是在肌肉和脑细胞活动过程中首选的功能物质,也是最经济的功能物质。不同健美操运动的负荷不同,糖在体内的代谢水平也不同。通常情况下,糖在体内除了供应人体所需要的能源外,还可以转化为蛋白质和脂肪。

1. 糖在人体内的代谢过程

首先,在消化酶的作用下,体内的糖质转变为可以被吸收的葡萄糖分子,然后,葡萄糖分子经小肠黏膜的上皮细胞葡萄糖运载蛋白转运进入血液,成为血糖。血糖能合成糖原,成为大分子的糖。在肝脏中合成并储存的被称为肝糖原,在肌肉中合成并储存的称为肌糖原。肝脏将体内乳酸、丙氨酸、甘油等非糖质物质合成为葡萄糖或糖原是糖的异生作用。糖的合成代谢便是合成糖原和糖异生作用的过程。糖原和葡萄糖通过糖酵解、有氧氧化、戊糖磷酸和乙醛酸等途径生成乳酸,乳酸通过糖原作用生成葡萄糖或氧化分解,这就是整个糖分解被利用的过程。

2.健美操运动对血糖的影响

在安静状态下,正常人的血糖浓度的变化范围在 3.9～5.9 毫摩尔/升,经常进行健美操运动者与正常人没有区别。长时间进行健美操运动可引起血糖水平下降,运动者会出现运动能力下降的现象。对从事不同类别的健美操训练时血糖浓度的变化进行研究,结果表明,在不同类别的健美操训练中,血糖浓度的变化趋势是有区别的。

不同类别的健美操训练前后产生不同血糖浓度变化的主要原因是训练内容和训练强度的不同,以及因此而引起的神经系统兴奋性的不同。竞技健美操是所有健美操中能够引起兴奋性最高、强度最大的项目,运动期间促进了肝糖原的分解,但是竞技健美操运动用时较短,消耗的葡萄糖量比肝糖原分解的量少,因此血糖水平会比运动前有所升高。

3.补糖对健美操运动的影响

在健美操中尤其是竞技健美操,运动强度和运动量都很大,能量消耗较多,所以想要大幅提高运动效果,就必须在运动前和运动过程中科学合理地补糖。研究表明,运动前的服糖时间对运动中的血糖水平变化有很大的影响。一般在运动前半小时或两小时内服糖效果较好,因为这种服糖方式,在运动开始前补充进入人体内的糖可以直接随血液运送到肌肉组织或者已完成糖原的合成转化过程,在训练开始后,肌、肝糖原被动员进入血糖供给需要,可以保持较高的血糖水平。

在开始运动前的一个小时最好不要进行补糖,因为此时补糖,血糖会迅速升高,引起胰岛素反应,大量分泌胰岛素,从而降低运动能力,甚至会出现运动性低血糖等不良的训练后果。

在运动过程中,最佳的补糖时间是每半小时补一次,因为低浓度的饮料可促进渗透吸收,并且胃在短时间内只能排空少量的液体,而高浓度的饮料会延长胃排空的时间,影响运动效果,对糖的吸收也会产生不利影响。

(二)脂肪代谢

脂肪是在以有氧代谢为主的训练中的主要能源物质,大部分储存在皮下结缔组织、内脏器官周围、肠系膜等部位,身体内脂肪的储存也会随着新陈代谢进行不断的更新。一般脂肪占体重的 10%～20%,肥胖者可达 40%～50%。人体脂肪的主要来源是食物,主要是动物脂肪和植物油,也可以在体内由糖或蛋白质转变而成。脂肪除了是含能量最多的物质外,还可以起到保护器官、减少摩擦和防止体温散失等作用。健美操本身对人体脂肪的含量要求较高,因此全面了解脂肪的代谢过程才能更好地进行健美操运动。

1. 脂肪在人体内的代谢过程

首先,脂肪具有疏水性,它借助机体自身以及机体摄入的各种乳化剂形成乳浊液,在机体的水环境中被酶解。脂肪形成甘油、游离脂肪酸和单酰甘油,以及少量的二酰甘油和未经消化的三酰甘油。然后,脂肪通过小肠上皮细胞直接吞饮脂肪微粒,或脂肪微粒的各种成分进入小肠上皮细胞形成乳糜微粒被吸收。乳糜微粒和分子较大的脂肪酸进入淋巴管,甘油和分子较小的脂肪酸溶于水,扩散入毛细血管。脂肪进一步分解成二碳单位,最终生成二氧化碳和水。

2. 健美操运动中的脂肪代谢

在健美操运动过程中,研究得出,只有在长时间的有氧运动时才能动员脂肪供能,运动时间越长,脂肪的供能比例就会越大。健美操运动作为一种有氧运动,可以提高机体氧化利用脂肪酸供给的能力,长期运动可以改善血脂升高,降低血浆中 LDL 含量,增加血浆中 HDL 的含量,长期坚持还可以减少体脂的积累,有效改善身体的各成分占比,具有减肥健美的功能。

(三)水、盐代谢

1. 水代谢对健美操运动中人体的影响和作用

水作为人体内最重要的组成成分,在人体组织中含量最多。在成人体内水的含量占到体重的 65%左右,而在婴儿体内水含量达到体重的 80%。人体内的水分布于各种器官组织及体液中。水的代谢有很重要的生理意义,有维持体温的作用。水的比热容高,温度不易改变,所以当进行健美操运动时,体内产热量的增多或减少都会引起体温的显著变动。水的蒸发热高,所以蒸发少量的汗就能消耗大量的热,能够迅速帮助机体排出多余的热量,保持内环境温度的稳定。

2.无机盐代谢对健美操运动中人体的影响和作用

无机盐是组成细胞组织的成分,具有维持渗透压、维持血液的酸度等多种功能。健美操运动时,最好不要一次性饮入大量水,这样会导致血液稀释、血量增加,增加心脏的负担。此外,大量的水进入胃中,会超过机体的消化速度,储留的水会稀释胃液,影响消化。若大量饮水后继续运动,水在胃中晃动,则会引起呕吐或不适感。所以,在健美操运动时,饮水要遵循"少量、多次"的原则。一般在开始运动前 10～15 分钟可饮 400～600 毫升水,以增加体内水的临时储备,而运动中也可每 15～20 分钟饮 100～150 毫升水,这样可以随时保持体内水的平衡,又能较好地维持运动中的生理机能,减轻心脏和胃的负担。

(四)蛋白质代谢

蛋白质是一切生命活动的基础,是由氨基酸构成的,主要用于建造、修补和重新合成细胞成分以及实现自我更新,同时也是合成酶、激素等生物活性物质的主要成分,能为机体的运动提供能量。在代谢过程中,糖和脂肪能在体内储存,而蛋白质不同,蛋白质过多则会由肝脏分解,由肾脏排出。因此,在一般情况下,正常人每日应摄取一定量的蛋白质,摄取量应与每天消耗的量差不多,以维持蛋白质平衡。

1.蛋白质在人体内的代谢过程

首先,在消化液作用下,蛋白质分子分解为氨基酸,被小肠吸收。吸收后,几乎全部通过毛细血管进入血液,可在各种不同的组织中重新合成蛋白质。经脱氨基作用等代谢过程,最终生成氨、二氧化碳和水。氨基酸在分解代谢过程中释放能量。

2.补充蛋白质对健美操运动的影响

研究表明,亮氨酸、异亮氨酸和氨酸比例为2:1:1的混合物,在促进肌肉力量的增长方面是最基本和最关键的物质,尤其可以满足大强度负荷后机体对蛋白质的需求,因此常被作为大强度健美操运动后较为理想的营养补剂。

无论是哪种健美操项目,都会促进蛋白质的分解和合成代谢。通过健美操的练习,消耗了部分蛋白质,这也会破坏很多组织细胞,从而需要加速蛋白质的修补和再生过程。因此,健美操训练后要有针对性地增加蛋白质的补充,以保证运动效果。

蛋白质的代谢受到多种激素的影响,其中甲状腺素和肾上腺素能促进蛋白质的分解,表现为甲亢时,甲状腺素分泌增加,人体蛋白质分解增加,人体逐渐消瘦;当生长激素分泌增加时,会促进人体蛋白质的合成,从而让肌肉变得更加健壮。

二、健美操运动的能量代谢

能量代谢是人体与外界环境之间的能量交换和人体内能量转化的过程。物质代谢和能量代谢是两个紧密相连的过程,在能量代谢过程中可以让能量物质如脂肪、糖、蛋白质等蕴藏的化学能释放出来,供机体运动时利用。健美操训练时,能量消耗明显增加,增加的幅度也会取决于健美操训练时的强度和持续时间,以及健美操训练的水平和对动作的熟练程度。下面介绍的是健美操运动中的几种供能方式。

(一)磷酸原供能

健美操运动的直接能源来源于三磷酸腺苷(ATP),它是人体其他任何细胞活动(如腺细胞的分泌、神经细胞的兴奋过程中的离子运转)的直接能源,主要储存在细胞中。ATP 在肌肉中的储存量并不能直接决定 ATP 主要作用的发挥效果,最重要的是 ATP 能否迅速合成。

ATP—CP 合称为磷酸原,CP 又称为磷酸肌酸,是储存在肌细胞中与 ATP 紧密相关的另一种高能磷化物,分解时能释放出能量。在机体内部,由 ATP—CP 分解反应组成的供能系统称为磷酸原供能系统。

肌肉收缩时,ATP 是将化学能转变为机械能的唯一直接能源,人们在进行健美操运动锻炼时 ATP 转换率会升高,且与训练强度成正比。训练强度越大,ATP 转换率越快,机体对骨骼肌磷酸原供能的依赖性越大。

而当肌肉收缩且强度很大时,随着 ATP 的分解,CP 也迅速分解放能。肌肉在安静的状态下,高能磷化物以 CP 的形式积累,故肌细胞中 CP 的含量要比 ATP 多 3～5 倍。但是在人体进行健美操运动时,这些供能物质也还是有限的,随着运动时间的延长,必须有其他能源来完成供应 ATP 再合成,才能使肌肉活动持续下去。

CP 供能对 ATP 再合成非常重要,这种重要性表现不在其含量,而在其快速可动用性,既不需氧,又不产生乳酸。但是 CP 和 ATP 不能直接作为营养补充,因为分子过大,不能被人体直接吸收。但是肌酸能够合成 CP 也能够被人体直接吸收,进而为合成 ATP 所用,因此在补充能量时可以适当补充肌酸。

磷酸原供能系统中,ATP、CP 均以水解分子内高能磷酸基团的方式供能,因此,在最开始进行健美操运动时,机体会首选磷酸原供能系统进行供能。

(二)糖无氧酵解供能

健美操运动中的一些项目,如竞技健美操,运动强度很大,运动者机体内所需的能量远远超出了磷酸原系统所能供给的能量,同时供氧量也满足不了机体的需求。这时,就需要糖无氧酵解来供能了。糖无氧酵解是指葡萄糖或糖原在无氧条件下分解为乳酸、同时生成少量 ATP 的过程。在缺氧条件下,丙酮酸在乳酸脱氢酶的催化下接受磷酸丙糖脱下的氢,被还原为乳酸。在氧供应充足时,无氧酵解所产生的乳酸,一部分在线粒体中被氧化生能,一部分被合成为肝糖原等。乳酸是一种强酸,当产生过多的乳酸积聚在体内时,就会破坏机体内环境的酸碱平衡,使肌肉工作能力下降,造成肌肉暂时性疲劳。

研究表明,机体内部糖酵解的过程是:首先,糖从葡萄糖生成 2 个磷酸丙糖;其次,磷酸丙糖转化为丙酮酸,生成 ATP;在有氧的条件下,丙酮酸可进一步氧化分解生成二氧化碳和水。

在健美操运动刚开始时,ATP 会在 ATP 酶催化下迅速水解释放能量。一旦机体中 ATP 的浓度下降,CP 就会立刻分解释放出能量,以促进 ATP 的合成。肌肉利用 CP 的同时,糖酵解过程被激活,肌糖原迅速分解,提供运动中所需要的能量。这是一个连续的过程,在运动中糖无氧酵解有着重要的作用。

(三)有氧代谢供能

当在有氧健美操运动中氧的供应充足时,糖、脂肪、蛋白质会被彻底氧化成水和二氧化碳,机体的这个反应过程称为机体的有氧氧化,即为有氧代谢。有氧氧化能够提供大量的能量,从而能维持肌肉在较长时间内进行工作。例如,由葡萄糖有氧氧化所产生的 ATP 为无氧糖酵解供能的 19 倍。ATP 和 CP 的最终再合成以及糖酵解产物乳酸的消除都要通过有氧氧化来实现。有氧健美操可以更加快速、有效地消除无氧代谢过程中所产生的乳酸,延缓疲劳,因此有氧健美操的训练能力是提高竞技健美操训练能力的基础。

在健美操运动过程中,机体的骨骼肌通过糖、脂肪、蛋白质三大能源物质的有氧代谢释放能量,合成 ATP,从而构成有氧代谢供能系统。在机体的有氧代谢供能系统中,首先,体内糖原储量较多,肌糖原耗尽需要 1～2 小时的小强度运动;其次,体内的脂肪储量丰富,是安静或低中强度运动下的主要供能基质,它的氧化过程对糖有依赖性,其供能的比例会随健美操运动锻炼强度的增大而降低,随着健美操运动锻炼持续时间的延长而增加;最后,蛋白质的供能要在长于 30 分钟的大强度运动中才会开始,并与肌糖原的储备有关,当糖原储备充足时,蛋白质的供能仅占总热能的 5%左右,肌糖源耗竭时,蛋白质的供能达到总热能的 10%～15%。

有氧代谢供能的效果受到很多因素的影响,氧从空气到肌肉的整个过程所经过的每一个系统都会对有氧代谢功能效果产生影响,具体来说,主要有以下几个方面。

1. 呼吸系统对有氧代谢供能的影响

呼吸频率越高或者呼吸深度越大,肺通气量就越大,吸入体内的氧气量也就越多。由于解剖无效腔的存在,在健美操运动过程中主要以加大呼吸深度来消除解剖无效腔的影响,提高氧气进入体内的效率。

2. 血液系统对有氧代谢供能的影响

血红蛋白执行氧运输任务,因此血红蛋白的数量会对有氧耐力产生很大的影响。如果血红蛋白的含量低于正常人,将会影响到运动者的有氧代谢能力。因此,要在运动过程中进行定期的测量,监测血红蛋白含量的变化,防微杜渐。

3. 循环系统对有氧代谢供能的影响

心脏泵血功能对健美操运动影响非常大,有研究表明,在运动的初期,有氧氧化能力的增加主要依赖于心脏排血量的增加。

三、健美操运动对生理健康的影响

在现代社会环境的影响下,大学生越来越追求自身的完美,越来越希望能够练就健康的体魄,从而塑造自身完美的形象,所以健美操运动日渐发展为他们生活的一部分。健美操运动不仅能发达肌肉、增强肌肉的弹性和肌力,而且对人体的心血管系统、呼吸系统、运动系统、神经系统等各系统内脏器官的功能也会产生重要的影响。

(一)健美操运动对心血管系统的作用

在人体的生命活动中,主要是凭借血液循环和外界进行物质交换,循环停止也就代表人的生命终止。可见,心血管系统对人体生存有重要意义。

1. 健美操运动可以提高血液循环的质量

一般正常人的血液总量只占体重的 8%,而经常参加健美操运动锻炼的人血液总量约占体重的 10%,且血液的重新分配机能快,这就保证了人体在承受较大的生理负荷时,经过神经系统的调节,反射性引起肝和脾释放储存的血液。同时,血管的收缩和舒张动员了大量血液参加循环,保证了肌肉活动时的血液供给。

人体中血管的收缩和舒张加快,血管壁的弹性也会随之增加,冠状动脉口径增粗,毛细血管的数量增加,对心血管疾病的预防起到很重要的作用,并可以防止血管硬化。经常参加健美操运动锻炼的人,体内还会产生一种高密度脂蛋白粒子(HDL2),HDL2 具有清理和打扫沉积在血管上的脂肪和胆固醇的作用,可以有效防止血管堵塞,保障正常的血液循环。

2. 健美操运动可以改善心肺功能

经实验研究发现,经常参加健美操运动能使心肌肌红蛋白的含量增加,组织代谢能力加强,供血量增加,使心肌纤维变粗,心脏的重量和大小增加。心脏搏动有力,外形丰满。由于心壁增厚,心腔增大,心脏的收缩能力提高,心容量增大。一般人的心容量为 765~785 毫升,而参加健美操运动的人,其心容量可达到 1015~1027 毫升,每分输出量和每搏输出量也都增加。

(二)健美操运动对呼吸系统的作用

从生理发育特征来看,大学生大多已经进入青年期,呼吸肌增强,呼吸深度加大,男生呼吸频率约为 18 次/分,女生比男生快 1~2 次。肺活量也都达到了成年人的水平。

人体一切活动所需要的能量和维持体温的热量都来自体内营养物质的氧化,氧化过程需要不断消耗氧同时产生二氧化碳,这就形成了呼吸过程。呼吸就是机体和外界环境之间的吐故纳新,以及实现人体内部气体变换的过程。因此,呼吸系统作为人体生命活动的重要标志,对人体的健康发展有着重要的作用。

1.健美操能够有效提高呼吸系统的机能水平

经实验研究显示,经常进行健美操运动会使机体的呼吸频率相对降低,呼吸深度加大,由于呼吸肌的力量增强,肺泡弹性增大,肺活量和肺通气量的指标明显增大。例如,一般成年女性的肺活量为2500毫升左右,成年男性的肺活量为3500毫升左右。安静状态下一般人的呼吸频率为12~16次/分,肺通气量为6~8升,而经常参加健美操运动的人呼吸频率仅为8~12次/分,就可达到同样的肺通气量。呼吸系统机能水平的提高,无论对保持健康还是对预防疾病都具有非常重要的作用。

2.健美操运动能够有效促进呼吸器官结构的改变

健美操尤其是竞技健美操运动强度比较大,肌肉活动比较剧烈,需要消耗氧气量、产生二氧化碳量都会很大,这就促使呼吸系统必须加倍工作从而适应机体活动的需要。因而人体呼吸频率加快,呼吸次数增加,深度加深,胸廓活动度加大。尤其是在大负荷的健美操练习时,呼吸次数可增加到40~50次/分,每次吸入空气量达到2500毫升,是安静时的5倍。同时,由于运动时对氧的需求量增加,肺泡就会最大限度地参与气体的交换,这对肺泡的生长发育及弹性的改善都有积极的作用。经常参加健美操运动的人,其胸围一般要比同龄人大3~5厘米,呼吸差也增加到9~16厘米。

(三)健美操运动对运动系统的作用

人体的运动系统由骨骼、肌肉、关节和韧带组成。骨骼是人体的支架,关节是连接骨与骨之间的枢纽,附着在骨骼上的是肌肉,韧带在关节的周围,起着连接两骨和加固关节的作用。机体之所以能够进行各种健美操的运动,主要是依靠运动系统,而其动力来源于运动系统中的肌肉。肌肉增长的主要表现是肌纤维变粗和横断面积增大;肌肉重量增加;收缩力明显增强。

1.健美操运动能够提高关节的柔韧性和灵活性

经常参加健美操运动的人,关节周围的肌肉和韧带功能得到了增强,从而关节囊的力量和关节的稳固性也得到加强。同时,关节周围的肌肉、韧带的伸展性得到改善,扩大了关节运动的幅度,提高了关节的灵活性。

2. 健美操运动能促进结构机能的良好发展

高负荷的健美操运动后,机体组织处于极度饥渴的状态,因而会为了超量恢复而极力摄取更多营养。这就使得肌肉中的毛细血管网增多,结缔组织也逐渐增多,肌肉纤维增粗,肌肉的生理横断面和体积增加,皮下脂肪减少。肌肉含量增加,脂肪含量就会相对下降,使人体基础代谢率提高,有利于人体健康。同时还可以加强肌肉收缩时的力量,使肌肉的收缩速度加快,灵活性、耐久性提高,弹性、柔韧性增强。

3. 健美操运动有利于强化骨结构,提高骨性能

经常参加健美操运动的人,由于其新陈代谢增强、血液循环加快,骨结构和性能也随之发生了变化。主要表现为骨的长度增加,骨径变粗,骨密质增厚,骨小梁的排列根据拉力和压力的不同更加整齐和有规律,骨表面肌肉附着突起增大。这种结构上的变化都使骨更加坚固、粗壮,提高了骨的抗弯、抗断、抗压的性能。同时还能刺激软骨的增生,对人体的增高有很大的作用。

(四)健美操运动对神经系统的作用

人体最早发育成熟的系统就是神经系统。在神经系统的发育过程中,脑的重量会随着年龄的增长而增长,并且记忆力、分析力以及综合能力也会随之显著提高。

人体各器官的活动都是在神经系统的调节下进行的。神经系统的重要作用是指挥、控制、调节人体各部分的机能,以适应外界环境的各种变化。

1. 健美操运动可以提高神经系统的反应能力和灵活性

健美操运动中的有些项目具有较大负荷量,因此要求神经系统能够迅速动员和调节各器官与系统的机能,使之适应肌肉活动的需要。同时健美操运动采用的是开放式的运动环境,如表演健美操,阵阵呐喊声和掌声的刺激都使机体的应激能力得到了锻炼,加强了神经系统的兴奋、抑制交替转换的灵活性,改善神经系统对全身各系统的迅速调节能力,提高反应速度及灵活性,使人体活动中的动作更协调、灵敏和准确。

2. 健美操运动有利于提高人体对环境的适应能力和免疫能力

经常参加健美操运动的人血管收缩的反应性、基础代谢率等都会得到改善,体温调节能力加强,对气候的变化反应灵敏,在感受到环境温度变化时能够

迅速作出保护和防御,以免机体受到伤害。因此,长期参加健美操运动的人能健美体格,增强体质,对环境的适应能力以及免疫能力要比一般人强。

3.健美操运动有利于提高大脑皮层神经细胞的耐受性

经常参加健美操运动可以促进血液循环加快,使单位时间大脑血流量增多,脑细胞得到更多的营养,改善大脑的功能,加快神经疲劳的消除,提高大脑抗疲劳的耐受能力,使肌肉收缩节约化,进而提高了大脑长时间工作的能力。

四、健美操训练的生理负荷理论

科学地确定适宜自己身体状况的健美操训练生理负荷,是获得良好训练效果的前提。健美操训练运动负荷是指训练者在做健美操练习时的量和强度对机体影响的大小。其包含了训练指标(如时间、次数、密度、强度等)和机体反应指标(练习所引起的心率、肺通气量、耗氧量、血压、体重等变化)。训练指标和机体反应指标紧密联系,因而必须科学设计,合理安排。

健美操训练的负荷量是指从事健美操训练的时间和练习的重复次数以及负重量等。一般练习时间越长,重复次数越多,负重量越大,负荷量就越大。健美操训练的负荷强度是指训练时间用力的紧张程度,训练的密度、质量和难度等,紧张用力地完成动作与放松省力地完成动作其效果是不同的,因此在健美操训练中要特别注意完成动作的力度、节奏和速度。在健美操训练中,间歇休息的时间长短和恢复的速度对训练者身体有直接的影响,所以在健美操训练中,还必须注意休息时间的合理安排。健美操训练中恢复速度是指练习间歇时间内练习者身体机能恢复的快慢程度,用以表明练习者身体的恢复水平。根据测定,一般在做完成套健美操练习后的 5～10 分钟,心率可恢复到正常水平。恢复速度越快练习者的水平越高。因此,设计健美操训练量和强度时,还必须合理安排间歇时间,练习中休息时间的长短和机体恢复的速度,取决于前一个训练负荷的强度和练习者身体的机能状态。

(一)运动负荷的确定

确定健美操训练运动负荷有两种方法,具体如下。

1.以运动心率确定负荷

没有健美操训练基础的学生:220 次/分－年龄＝运动时最大心率(次/分),

如 30 岁的人,运动时的最高心率为:220－30＝190 次/分,而 65 岁的人,运动时的最高心率则为:220－65＝155 次/分。

确定健美操训练强度的极限指标后,要限定心率范围。美国健身研究协会推荐的健身指标为"最大心率×(65％～80％)",美国心脏学会推荐的健身指标为"最大心率×(60％～75％)",美国运动医学院推荐的健身指标为"最大心率×(65％～90％)"。心率在这些指标范围内,训练属于有氧运动。百分比的指数越高,对身体的影响就越大,训练的效果就越明显,如果百分比指数超过上述范围则是无氧训练,对提升训练水平有一定作用。但训练负荷太大,对身体健康可能会有一定影响,特别是长期的高负荷训练,无益于健康。因此,高校大学生健美操训练负荷安排要恰当。

2.以自我感觉确定负荷

在健美操运动训练中,要想完美地通过心率变化范围来掌握控制好训练负荷,是不可能的。因此,以自我感觉来确定训练负荷是非常重要的,也是非常实用的。瑞典生理学家 Bong 设计确定运动负荷的主观心理用力感觉等级表(简称 RPE)。高校健美操训练也可参照借鉴。按自我感觉,该表将训练负荷分为 6～20 级,并以 RPE 值乘 10 为接近当时负荷者的心率水平,RPE 与心率的相关系数为 0.8～0.9。

(二)训练自我监督

健美操训练自我监督是指在训练时对自己的身体健康状况和功能状况进行自我观察的方法。它是自我评定运动负荷大小的有效方法。

1.自我感觉监督

(1)负荷适量的自我感觉

训练后感觉良好、精力充沛、心情愉快、渴望继续锻炼,说明运动量适度;训练后食欲良好,说明运动量适宜;训练前后的食欲无变化,则可能负荷量不足。训练后入睡快、梦少、不易惊醒,晨起精神饱满,说明运动量适度。

(2)负荷过量的自我感觉

训练后,若出现嗜睡,清晨起床后头晕昏沉、四肢酸痛、精神不好或食欲减退等症状,说明运动量过大。训练后出现精神萎靡不振,对训练不感兴趣、冷淡或厌倦,四肢酸软无力、倦怠,可能是训练时间过长,教学方法不当或疲劳的表现。应停止训练,适当休息,当不良症状全部消除后再循序渐进地恢复训练。若在训练的过程中出现头痛、恶心、气喘、心悸、胸痛、腹痛、面色苍白或发青等症状,则可能是身体不适应或准备活动不充分,训练者应及时调整运动量,以减轻不良反应,若持续时间过长,应立即停止运动或就医。近期训练中突然大量排汗,甚至夜间盗汗等,则可能是近期训练负荷量过大或身体功能不良、健康状况下降的反映。

2.测量检查监督

(1)测量脉搏变化

经常进行健美操训练的学生,安静时的脉搏较慢;间断或很少参加运动的学生则脉搏较快。当学生的训练水平提高或下降时,脉搏也将发生相应的变化。

脉搏测量可用清晨卧位脉搏频率来评定训练水平和身体功能状况。脉率若下降或不变,即说明身体功能反应良好,有潜力;若每分钟增加 12 次以上,说明机体反应不良,可能与睡眠不好或患病等有关。排除其他原因后,清晨卧位心率仍保持较快水平,则多与过度训练有关。清晨卧位脉率测量记录 10 秒内的脉搏次数,连续测量两次的数值一样即可,否则重测;也可测量 30 秒内的脉搏次数,然后计算每分钟的脉率数。一般大学生安静时脉搏频率为 100 次/分以下。

健美操训练前应测量脉搏频率,并记录。训练后应立即迅速测量脉搏。训练后脉搏频率恢复到训练前次数的速率与训练强度相对应。一般情况如下:

小强度运动训练后的脉搏频率为 130 次/分以下,在 10 分钟以内,可恢复到训练前的脉搏频率。

中强度运动训练后的脉搏频率为 130~160 次/分,在 10 分钟以内,可以恢复到较训练前的脉搏频率。

如果长时间不能恢复到训练前的脉搏频率,或经过一个阶段的训练,脉搏频率反而比训练前的正常值增加,则说明运动量过大,机体反应不良,要减少健美操训练的运动量。

(2)测量血压变化

训练前先测量记录血压。正常安静收缩压为 90~130 毫米汞柱,舒张压为

60～90 毫米汞柱。血压变化与运动训练的强度有关。小强度运动训练后,收缩压上升 20～30 毫米汞柱,舒张压下降 5～10 毫米汞柱,并可在运动训练后 5 分钟内恢复到运动训练前的血压数值。中强度运动训练后,收缩压上升 30～40 毫米汞柱,舒张压下降 10～20 毫米汞柱,并可在运动训练完成后 30 分钟内恢复到正常血压数值。大强度运动训练后,收缩压上升 40～60 毫米汞柱,舒张压下降 20～40 毫米汞柱,并可在运动训练后 24 小时内恢复到正常血压数值。

如果健美操训练后,收缩压上升明显、舒张压亦上升,或者收缩压上升不明显甚至下降、而舒张压上升,或者恢复原血压使用的时间延长等,说明健美操运动训练量过大,身体机能反应不良。另外,当清晨血压比往常高 20% 以上,或者收缩压高于 140 毫米汞柱、舒张压高于 90 毫米汞柱时,说明训练负荷量过大。

(3)测量体重变化

进行健美操训练的学生每周可测量 1～2 次体重,每次测量应在一天的同一时间内,最好选在早晨。测量时应空腹、排空大小便,并穿内衣裤进行,减少误差。还可以测定训练前后的体重变化,观察运动时对机体的影响。参加系统的健美操训练后,体重变化分为三个阶段:

第一阶段:体重逐渐下降,因为机体失去过多的水分和脂肪。这阶段一般持续 3～4 周或更长,体重一般下降 2 千克～3 千克,对于肥胖型或较少参加锻炼的人来说,体重下降幅度更大。

第二阶段:体重逐渐稳定,运动后减轻的体重完全恢复。这个阶段能持续 5～6 周以上。

第三阶段:由于肌肉等组织逐渐发达,体重有所增加并保持在一定水平上。

3.疲劳判断

对训练中疲劳程度外部表现的观察和学生的自我感觉,也能较好地判断健美操训练负荷情况。

运动性疲劳大体上可分为肌肉疲劳、神经疲劳和内脏疲劳三类。肌肉疲劳时肌力下降,肌肉收缩速度和放松速度减慢,收缩时间比正常时间延长 4～5 倍,放松时间延长可达 12 倍,严重影响肌肉作出快速、协调动作。肌肉出现僵硬、肿胀和疼痛症状,可能是由于负荷过重使肌纤维发生细小损伤,乳酸等代谢产物的积存和水分的积蓄等多种因素引起的。神经疲劳表现为大脑皮层功能下降,如反应迟钝、判断错误、注意力不集中等。内脏疲劳表现为呼吸肌以及心脏的疲劳,呼吸肌疲劳使呼吸变浅、变快、气体交换功能下降;心脏疲劳时心电图发生变化。疲劳程度可分为轻度、中度和非常疲劳。一般可通过训练者的自我感觉(如疲乏、头痛、腿痛、心悸、恶心等)和某些外部表现(如面色、排汗量、呼吸、动作、注意力等)来判断疲劳的程度。大学生应根据疲劳程度的标志来合理安排健美操训练负荷。轻度疲劳可以继续训练,中度疲劳应适当减少运动量,非常疲劳则要完全停止一段时间的训练。

五、健美操训练的生理指标变化

(一)健美操训练与激素变化

1.训练中儿茶酚胺的表现

肾上腺素与去甲肾上腺素统称为儿茶酚胺,其属于应激激素,由肾上腺髓质分泌。机体对内外环境变化的应答性反应中,儿茶酚胺起着非常重要的作用。因此,与健美操训练也有很大的关系。

(1)急性训练运动中儿茶酚胺的反应

从生理学角度来说,肾上腺髓质与交感神经系统的功能状态密切相关,因为肾上腺髓质受交感神经支配。健美操训练的应激状态下,激活交感神经系统,因此训练期间儿茶酚胺含量升高。训练期间儿茶酚胺含量升高的程度与运动强度呈密切的正相关关系,运动强度越大,升高的幅度也越大。当运动强度过小时,血中儿茶酚胺水平不会发生明显变化。小强度到中等强度的运动不会引起静脉血浆中肾上腺素水平明显升高。在试验中,让试验者逐渐增加运动负荷量,当强度达到 $75\%VO_2max$ 时,血浆中儿茶酚胺浓度显著升高。另外,让受试者直接用 $75\%VO_2max$ 的运动强度训练十分钟,血浆中儿茶酚胺浓度也显著升高。这表明在对急性运动进行应答时,儿茶酚胺水平需要一个最低的激活强度。

(2)长期训练中儿茶酚胺的适应性

通过研究表明,儿茶酚胺对长期训练有适应性,也就是说,随着运动训练的进行,儿茶酚胺能逐渐适应训练强度,慢慢地对同一运动强度增高的幅度会越来越小。对长期运动训练中儿茶酚胺的适应性进行研究,有两个意义:一是完成运动负荷时,儿茶酚胺的反应降低,这就表明训练者的运动能力得到改善,机体逐渐适应了这样的负荷,同样负荷对机体的刺激作用减小;二是随着训练强度不断提高,学生完成同等负荷时儿茶酚胺水平的反应幅度越来越小的现象,可以作为一个方面的原因来解释完成同等负荷时的心率不断降低的这一运动训练现象。

2.训练中糖皮质激素与促肾上腺皮质激素的表现

糖皮质激素(GC,也称作可的松)由肾上腺皮质分泌,促肾上腺皮质激素(ACTH)由腺垂体分泌,是糖皮质激素的上位促激素,它们都是应激激素之一。在训练中,GC 和 ACTH 有加快能量代谢的重要作用,同时还有动员机体潜能的作用。

ACTH 控制 GC 的分泌活动,因此 GC 在运动过程中,其变化与腺垂体所分泌 ACTH 水平有关。ACTH 分泌水平升高,从而加强了肾上腺皮质分泌GC。有试验报道,受试者以 80% VO2max 的负荷进行跑步运动 20 分钟,或者逐渐增加运动负荷直到受试者力竭,其静脉血浆中的 ACTH 水平分别超出安静水平的 2 倍与 5 倍。ACTH 是 GC 的上位促激素,它们之间又存在着级联放大效应,因此能够推断出 GC 水平也必然明显升高。

机体对刺激发生应答性变化,其基本反应之一是 GC 分泌的增多。因此,GC 的分泌情况与运动训练的刺激的强度呈正相关关系。通过研究,发现进行小强度负荷运动训练时,血中的 GC 水平改变不明显。完成力竭性运动训练时,刺激非常大,GC 水平就明显升高。因此,可知 GC 与儿茶酚胺一样,对于运动训练刺激同样有一个导致其水平明显升高的强度阈值。

此外,ACTH 和 GC 在运动训练中也与应激激素儿茶酚胺有着相似的适应性变化,经过长期训练,同样的负荷会使得其水平的升高幅度越来越低。

3.训练中生长激素的表现

生长激素(GH)由腺垂体分泌。训练时 GH 在血液中的浓度会随着运动强度的增大而相应地升高,运动强度越大,升高幅度越明显。

长期运动训练中,GH 也具有适应性。其适应性主要表现在两个方面:一是开始没有接受过训练的人与已经接受过训练的人进行比较,完成相同负荷强度,前者血中生长激素浓度的增长幅度明显高于后者;二是力竭性(大负荷强度)训练和小负荷强度训练后,前者血中生长激素的下降速度明显比后者慢。

4.训练中抗利尿激素和盐皮质激素的表现

抗利尿激素(ADH)由神经垂体分泌,盐皮质激素(常见的有 AID,也称醛固酮)由肾上腺皮质分泌。它们都参与体内电解质平衡、水代谢以及维持体液容量的调控过程,所以在训练中起着很重要的作用。人体在训练中会丢失大量的 H2O 和 Na+特别是在热环境下进行长时间或者高强度的运动训练,人体 H2O 和 Na+的耗损更大。当人体丢失 H2O 和 Na+时,机体便会通过 ADH 和 AID 来调控维持血浆容量。

其调控过程如下:训练时,交感神经兴奋性升高,钠丢失及血浆渗透压程度升高。从而引起神经垂体分泌 ADH,另外还会促进肾脏的特定细胞释放肾素。然后,ADH 通过肾脏集合管产生一系列的生理作用,加强体内保水。肾素作用于血浆蛋白物质——血管紧张素 I,使其变为血管紧张素 Ⅱ;血管紧张素 Ⅱ能够刺激肾上腺皮质分泌 AID,AID 便会促进肾远曲小管加强对钠的重吸收,钠的重吸收能够加强对水的被动重吸收。

急性运动后,ADH 和 AID 水平明显升高。而在完成同等强度运动时,训练水平高的人与训练水平一般的人,在血液中 ADH 升高的水平相似。因此,其很可能对运动训练刺激没有适应性。

5.训练中胰岛素和高血糖素的表现

第一,让素质高的训练者和素质低的训练者同样地完成 3 小时中等强度运动,素质低的训练者血糖水平持续下降,而素质高的训练者不仅未见降低,反而略有上升。

第二,运动开始后的 20 分钟内,素质高的训练者和素质低的训练者胰岛素水平降低几乎同步。但是随后,素质高的训练者胰岛素水平不再明显降低,而素质低的训练者一直持续降低。

第三,训练开始后的 20 分钟内,素质高的训练者胰高血糖素水平明显上升,几乎可以达到安静时的两倍;素质低的训练者则不同,略有降低的现象,尽管随后能够有一定程度的回升,但仍保持在安静水平徘徊。

因此,训练中素质低的训练者胰高血糖素基本在安静水平徘徊,胰岛素水平持续下降,到运动结束时可以降到不足安静时的一半,在两者的共同作用下,血糖水平便会持续下降,幅度可达80％。而素质高的训练者则表现出良好的适应性,胰岛素下降幅度较小,胰高血糖素水平明显升高,在两者的综合作用下,血糖水平不仅未见降低,反而略有上升。

6.训练中激素表现出的基本规律

通过上面的分析,对急性负荷训练和长期运动训练,激素的应答表现特征如下:

第一,经过长期训练后,不同激素变化的综合结果总是朝着有利于运动的趋势发展。

第二,在急性训练过程中,应激激素水平会升高,升高幅度与运动负荷强度和运动持续时间相关。另外,训练激活激素升高有一个负荷强度阈值,激素不同,升高的阈值不同。

第三,长期训练会使激素水平发生一定程度的"去补偿"现象,表现在反应幅度更加精确和机能更加节省上。

(二)训练与呼吸系统

1.肺通气功能对训练的反应与适应

(1)训练中肺通气功能的反应

学生训练时,机体代谢就会表现得特别旺盛,因而对氧的需要也会增加,促使呼吸系统发生变化以适应机体代谢的需要。以有氧代谢为供能特点的训练,安静时呼吸深度会从500毫升上升到2000毫升,呼吸频率会从12～18次/分上升到50次/分,每分钟通气量可超过100升。训练中肺通气功能的反应特征表现在以下几方面。

较低的训练强度,每分钟通气量的增加主要是通过增加呼吸深度来实现的。①训练强度增加到一定程度时,每分钟通气量的增加主要是通过呼吸频率的增加来实现的。②一定范围内每分钟通气量与训练强度呈线性相关。如果超过这个范围,每分钟通气量的增加将明显大于训练强度的增加。③训练时通气量的上升有一个过程,训练开始阶段通气量稍有上升;之后,通气量先突然升高,进而再缓慢升高,随后达到一个平稳水平。④训练停止时,通气量先骤降,然后缓慢下降到运动前水平。

（2）训练中肺通气功能的适应

①每分钟通气量的适应。经过一段时间的训练，肺通气量适应后，训练时每分钟通气量增加的幅度将逐渐减少，而最大通气量比没有经过训练的学生明显要大。经过训练的学生在进行递增负荷运动时，肺通气量发生非线性变化的时间延长，通气阈值增大。②肺通气效率的提高。训练可使安静时呼吸深度增加、呼吸频率下降，使运动时呼吸深度和频率的匹配更合理。运动时在相同肺通气量的情况下，学生的呼吸频率比无训练者要低，即学生肺通气量的增长主要是依靠呼吸深度来增加的。运动中较深的呼吸，将使肺泡通气量和气体的交换率提高，呼吸肌的能耗量和耗氧量也随之下降，使肺通气变得更有效，这对进行长时间的运动是很有利的。

2.运动时的呼吸

正常安静时通过鼻呼吸的方法进行呼吸，鼻腔对空气具有净化、湿润和温暖的作用。但在训练时，为提高呼吸的效率，增加散热途径，常采取嘴鼻并用的呼吸方法。

（1）呼吸的形式

人体主要的吸气肌为膈肌和肋间外肌。当膈肌收缩时腹部随之起伏，肋间外肌收缩时胸壁随之起伏，因此以膈肌收缩为主的呼吸称腹式呼吸，以肋间外肌收缩为主的呼吸称胸式呼吸。人们采用腹式和胸式的混合式呼吸。在训练过程中，能否采用合理的呼吸形式，对于完成技术动作非常重要。

（2）呼吸的调节

呼吸是一种节律性的活动，其深度和频率随机体代谢水平而改变。训练时为了维持内环境相对稳定，必须加快呼吸，这是通过神经和体液的共同调节来实现的。一般训练前的通气量增大是条件反射性的，训练开始后通气量的骤升，是由于大脑皮质在发出冲动使肌肉收缩的同时，也发出冲动到达脑干呼吸中枢，引起呼吸加强。同时，呼吸器官和运动器官本体感受器的传入冲动对呼吸的加快加强起着重要的作用，而后呼吸缓慢地增加是动脉中温度和化学环境变化所致。当训练继续时肌肉代谢增强，产生更多热量、氧气，这些因素一方面增加肌肉对氧的利用，另一方面加大了动静脉氧差。更多的氧气进入血液，提高了血中氧气的浓度，使化学感受器兴奋，刺激呼吸中枢，使呼吸加快加强。

（三）训练与血液系统

1.训练中血液循环系统的反应

安静时人的耗氧量仅为 0.25 升/分,而在持续运动时耗氧量会增至 2～6 升/分。这时血液循环系统作为运动的重要支持系统,就会提高其功能水平,以增加氧的供应,尽量满足运动时各器官对氧的需要。在长期系统的训练下,心脏的形态、微细结构及功能还会发生一系列适应性变化。

（1）血液重新分配

训练时心排血量增加,但增加的心排血量并不是平均地分配给身体的各个器官。通过体内的调节机制,各器官的血流量发生重新分配:运动的肌肉和心脏的血流量显著增加,不参与训练的肌肉以及内脏器官的血流量减少;训练初期皮肤血流量减少,随着训练的持续进行,肌肉产热增加,体温升高,通过体温调节机制使皮肤血管舒张,血流量增加,促进散热。

训练时血液的重新分配所具有的生理意义主要从两个方面来反映:一方面,通过减少不参与运动的器官的血流量,保证有较多的血液流向运动的肌肉;另一方面,在骨骼肌血管舒张的同时,骨骼肌以外的器官血管收缩,使总的外周阻力不至于明显下降,从而使平均动脉压不会下降,这也促进了肌肉血流量的增加。

（2）血压的改变

训练时动脉血压的变化取决于心排血量和外周阻力两者之间的关系,并与运动的方式、强度、时间等因素有密切关系。动力性运动时,由于心排血量增加,运动肌肉的血管舒张,腹腔内脏的血管收缩,因此总的外周阻力不变。全身性的高强度训练时,由于骨骼肌血管大量舒张,总的外周阻力甚至略有下降。所以动力性运动时动脉血压升高,且这种升高主要表现为收缩压的升高,而舒张压变化不大或略有下降;静力性运动时,由于心排血量增加的幅度小,同时肌肉持续收缩压迫血管,腹腔内脏血管收缩,使外周阻力增大。故静力性运动动脉血压升高,并以舒张压的升高更为显著。

（3）心排血量的反应

训练时心交感神经活动加强,心迷走神经活动减弱,同时肾上腺髓质分泌肾上腺素和去甲肾上腺素增多,使心率加快,心肌收缩力加强,搏出量增加。另外,骨骼肌节律性收缩的静脉泵作用和呼吸运动的加强等也有利于静脉血液回流,使搏出量进一步增加,从而导致心排血量大幅度增加。

2.训练中血液循环系统的适应

运动训练使心脏功能加强,除引起心脏增大外,还可表现为安静时心率缓慢,出现异常心电图等。运动性心脏肥大,可发生在左、右心室和心房,但以左心室肥大为主。其肥大程度与运动强度和持续时间有关,但通常呈中等程度肥大。

继发现运动心脏肥大之后,进一步研究运动心脏结构与功能的变化,发现运动心脏外部形态肥大的同时,其内部的细微结构也发生了重塑。研究表明:在心肌细胞体积增大、心肌纤维直径增粗的同时,心肌细胞内的肌原纤维增粗,肌小节长度增加;心肌细胞之间的毛细血管数量增多,管腔直径增粗;细胞内的线粒体增多变大,线粒体到毛细血管的最大氧弥散距离缩短;线粒体内的 ATP 酶和琥珀酸脱氢酶的活性提高;心房肌细胞内的特殊分泌颗粒增多,提高了运动心脏的泵血功能。运动心脏微观结构的诸多变化,保证了心肌纤维的增长能与心肌毛细血管的增长相适应。运动心脏的这些微细结构的重塑,对于提高学生的最大摄氧量和有氧耐力具有十分重要的作用。

此外,训练还可降低血中低密度脂蛋白、胆固醇含量,同时提高对心血管有保护作用的高密度脂蛋白含量。还有长期系统的训练,能提高纤溶酶活性,降低和预防冠状动脉内血栓形成。

第二节 健美操运动的心理学基础

一、健美操运动与心理效应

健美操运动的生理学基础主要反映在运动过程中参与者的个人心理方面。健美操运动可以调节人的心理,使人们的心理朝着健康方向发展,还可以培养人们优良的心理品质,而优良的心理品质对体育具有重要的促进作用。实验研究证明,人的各种心理过程和个性心理特征跟人们运动行为的关系非常密切,它们直接影响着人们参加健美操运动的自觉性、积极性和主动性。而通过健美操运动训练又会不断提高、改善和调节着人们的心理水平。具体来说健美操运动的心理效应主要表现在以下几个方面。

(一)健美操与动机

健美操运动是以身体锻炼为基本手段,配合音乐的伴奏,增进健康、娱乐身心的体育健身项目。人们在参加这个运动时,对音乐、练习环境、指导员的技能水平等都会表现出一种好奇的心理,即人们所认为的动机。所谓的动机是指推动一个人进行活动的心理动因或内部动力,它的意义就是能够引起人的活动,并使活动导向一定的目标,以满足个体需要。由于每个人的生活环境不同,个性心理也不同,因此参加健美操运动时所带着的心理需要、动机层次、指向以及深度、广度都会有所不同。例如,有的人参加健美操,既可能是出于维护个人健康的需要,也可能是由于受到朋友的影响。一般来说,某一时刻最强烈的需要构成最强的动机,而最强的动机则影响着人们的行为。人们参加健美操运动的动机不是单一的、一成不变的,常常是各种动机综合在一起发挥作用。对于各种群体而言,参加健美操运动的动机主要有以下几个方面:

第一,为了强身健体而参加健美操运动。

第二,为了磨炼意志而参加健美操运动。

第三,为了满足精神需求而参加健美操运动。

第四,为了消遣和寻求刺激而参加健美操运动。

第五,为了丰富自己的审美情趣,或出于减肥需要而参加健美操运动。

第六,为了丰富社会经验、结交新朋友或维护和扩大现存的友谊关系而参加健美操运动。

(二)健美操与情绪、情感

人在生活中无时无刻不充斥着感情,而感情受到周围各种因素的影响,表现为各种复杂多样的心理情绪,情绪是人对事物的态度,是人的需要得到满足与否的反映。研究显示,不管是长久坚持健美操运动还是一次性的健美操运动,都能对人的情绪产生积极的影响。人生活在错综复杂的社会中,经常会产生忧愁、紧张、压抑等情绪,大学生也会经常因各种考试以及对未来就业担忧而产生持续的焦虑反应。有研究发现,一个人的成功,智商的影响只占到20%,其他80%是由情商决定的。在健美操运动中人们会具有强烈的情感体验,因此对人的心理影响非常大。不管是竞技健美操还是表演健美操,都有复杂的情感表现相互感染、融合在一起,可以有利于转移个体不愉快的意识、情绪和行为。这种丰富的情感体验有利于大学生情感的成熟和情感自我调节能力的积极发展。在现实生活中人们也可以通过健美操运动改善和调节自己的情感状态。

健美操运动对情绪的作用主要有两种:短期效应和长期效应。有关研究人员指出,短时间的运动训练可以显著地缓解或消除紧张、困惑、焦虑、愤怒和抑郁等不良情绪;长期有规律的中等强度的运动有助于改善情绪并提升情绪的控制能力。经常参加健美操运动训练,可以有效促进大学生交际、沟通能力的发展,能迅速改善人际关系,产生亲近、信赖和相互间谦让、谅解的心理感受,在心理上产生一种归属感和安全感,适应社会环境,减少大学生在现实社会中所经受的工作压力、考试压力、竞争压力等。

(三)健美操与意志品质

健美操运动对人的意志品质的影响表现为可以培养人坚强的意志品质。坚强的意志品质是克服困难、完成各种实践活动的重要条件。培养意志品质需要两个极其必要的条件,即"明确目的"和"克服困难",而健美操运动则要同时具备这两个条件。人们在具有明确目的的健美操运动中,常常需要不断克服客观困难(如气候条件的变化、动作的难度或意外的障碍等)和主观困难(如胆怯和畏惧心理、疲劳或运动损伤等),这就需要足够的意志力量。只有不断地克服这些困难,才能逐步养成锻炼身体的习惯。对于大学生来说,健美操运动对意志品质的锻炼是一个非常有效的手段。在行动中不顾任何挫折和失败,不怕任何困难和障碍,以充沛的精力和顽强的毅力坚持达到最终目的,是健美操中对意志品质的教育。而且健美操能够焕发精神面貌,陶冶高尚情操,同时音乐给健美操带来生机和活力,让大学生在欢乐的气氛中进行训练,心情愉快,不易疲劳,使心灵和情操得到净化。

(四)健美操与认知能力

人的认知能力是与生俱来的,受遗传因素的影响很大。同时也受到外界环境,以及年龄、心理等多种因素的影响,而健美操运动对人的认知能力的促进作用是十分显著的。健美操运动种类繁多,各种健美操运动都有一个共同的特点：即在运动或高速运动中要求运动者既能对外界物体做出迅速准确的感知和判断，又能迅速感知、调整自己的身体，以保证动作的完美，长久保持这种运动便能提高人的感知能力，提高人的反应速度，提高人的知觉判断能力，使人变得敏锐、灵活；有些运动项目还能充分激发人的创造判断能力、记忆能力。如竞技健美操等运动项目则能充分发展人的创造力、想象力和美的表现力。人们在认识健美操和参与运动过程中，不仅能够感知直接作用于感觉器官的动作，以及音乐带来的神经刺激和指导员给予的肌肉的刺激，而且在思维和指导员指导动作的共同参与下，还能在头脑中创造出某些没有经历过的动作形象来，重新创造出新颖的动作技术。

认知能力也是人的智力方面的一个表现与反映，人的智力的高低可以通过认知能力淋漓尽致地表现出来。由此可见，经常参加健美操运动可以提高自己的智力水平，不仅可以提高运动者的注意、记忆、反应、思维和想象等能力，还可以使其情绪稳定、性格开朗、延缓疲劳等，这些非智力成分对人的智力发育和提高都具有促进作用。

(五)健美操与美感

美感是关于客观事物或者人的言论、行动、思想、意图是否符合人的审美需要而产生的一种情感。健美操运动优美、富有活力、动作强劲、节奏感强等特点都能让大学生产生美的情感。健美操运动能够给人以大方、自然、热情、协调、健康的美的感受。美感成分很复杂，从体验的角度来看主要有以下两个方面的特点：

第一，美感是一种愉快的体验；第二，美感是一种倾向性的体验。美感表现为对美好事物的肯定，促使人重复去欣赏，对它感到亲切、迷恋。美感是人在社会性需要的基础上产生的，为人所独有。这种情感在人的整个情绪生活中占有主要地位，对人类生活起到十分重要的作用。健美操运动的艺术性很强，经常参加健美操运动对韵律感和节奏感的增强有促进作用，从而提高了认识美、表现美和创造美的能力。

(六)健美操与心理疾病的防治

经过医学研究发现，人的大脑中有一种化学物质不仅可以调节身体的免疫系统，同时还影响着人们的思想感情，这意味着人们的心理状态与生理状态有着非常紧密的联系。这种化学物质不仅存在于个人的大脑中,还能够循环传递于身体的各个系统中,包括免疫系统。这就意味着积极乐观的心理状态可以预防疾病,体内分泌出各种有利于健康的化学物质,从而提高人体的免疫机能。如在给患者进行康复治疗时,让其保持乐观向上的精神状态有时会达到事半功倍的效果;反之,负面的心理活动,如消极的情绪、长期的焦虑、巨大的精神压力等都会导致不良的生理反应,而这种反应长时间持续甚至会导致人体某些部位的病变。

人的大脑与肌肉的信息是双向传导的,神经兴奋可以从大脑传至肌肉,也可以从肌肉传至大脑。积极的肌肉活动对神经的刺激会增加,大脑的兴奋水平就高,情绪就会高涨;反之,肌肉越放松,对神经的刺激就会减少,大脑的兴奋性就降低,情绪就不会高涨。健美操运动之所以能有效地调节人的情绪,也就是遵循并运用了这一原理。很多医学研究者认为,在允许的情况下,运动治疗是一个非常可取的方案。在运动治疗过程中要遵循下列的基本神经生理法则。

第一,中枢神经系统具有可塑性,即大脑在损伤后可以自行调整,以代偿损伤的功能。因此,健美操运动治疗就是要发掘大脑中的这种潜能。

第二,运动可以通过感觉来调整,运动系统功能的发挥在相当大的程度上依赖于感觉系统对外界环境的有效反应,通过控制本体感觉输入,可以抑制或促进运动输出。

此外,每个人的心与身都是相互联系、相互作用的,人的心理与周围的环境、周围的人也是相互协调、相互影响的。而健美操运动则为人提供了一块珍贵的活动空间。在这空间中,人的心与身、人与环境、人与人之间都能充分地交融在一起,从而促进主体对环境的适应、促进人际关系,使人达到身心平衡,获得身心健康。

二、心理因素对健美操运动的影响

良好的心理因素在健美操运动中起着至关重要的作用。在竞技健美操中比拼的是高超的技艺,因而每个运动者都需要具备良好的运动心理素质以保证技艺的发挥,才能够取得好成绩。健美操表演中,只有具备良好的心理素质才能够让表演者更好地展现自己优美的身姿和技艺。

（一）智力对健美操运动的影响

人的智力和身体活动有着密切相关的联系,尽管随着年龄的增长,大学生的智力的发展与其身体活动能力的发展逐渐分化开来,它们之间的关系变得不明显了,此时智力与身体活动能力之间的相关度很低,但是智力的发展与身体活动能力的发展仍然存在着联系。健美操运动中,通常会运用到精确的记忆能力、敏锐的观察能力、丰富的想象能力、快速的思维能力等,如在竞技健美操中,对于具有丰富表现力的运动项目,创造和创新能力、以及运动过程中快速的思维能力都是运动者所必须具备的。

（二）情绪对健美操运动的影响

好的情绪能够明显地提高人的活动能力,促进人体运动能力的提高,使人精神焕发、干劲倍增、积极主动、坚韧不拔、持之以恒;不良的情绪则使人表现为精神不振、无精打采、心灰意冷、注意力不集中等。健美操运动是一种散发着热情、活力四射的运动项目,运动者须以自己的情绪去感染观赏者的情绪。因此,时刻洋溢着愉快、热情是每个健美操运动者的运动要求。

如果人们在健身运动过程中情绪不稳定、自控能力差、心烦意乱、忧心忡忡,就很难掌握好动作技能。反之,如果情绪稳定、精神饱满、注意力集中,就会取得很好的运动效果。

（三）良好的意志能够促进健身运动取得理想的健身效果

由前所述可知,健美操运动能够培养大学生坚强的意志品质。坚强的意志品质同样也有利于健美操运动,如对掌握动作技能、提高运动成绩、增强身体素质等都十分有益。

首先,与日常生活相比,在健美操运动中肌肉的紧张程度更高,而且还面临着在不同困难条件和情景下完成各种动作的要求,此时坚强的意志力能够满足各种动作的需要。

其次,大学生在参加健美操运动时,需要高度集中注意力,在意志的努力作用下,克服外部和内部刺激的不良影响。

最后,大学生在参与健美操运动时,机体各系统全面运转容易导致疲劳,甚至是运动损伤的产生,意志坚强者能够克服由于疲劳和运动损伤而产生的消极情绪,并积极坚持健美操训练。

第三章　健美操术语及
基本动作技术

第一节　健美操基本术语

　　健美操术语是用来表达健美操动作名称及描述动作技术过程的专门用语和专有词汇。健美操是一项新兴的体育运动,其发展历史只有短短的几十年时间。尽管健美操目前发展很快,许多地方开设了各种各样的健美操班,参与健美操锻炼的人也越来越多,但健美操术语在使用规范上尚不完善,实践中存在着应用术语不够准确和统一的现象,带有随意性,很容易引起混淆和误解,给健美操的教学与训练造成一定的困难。从某种程度上来说,术语不统一也会妨碍健美操运动的进一步发展。因此,统一规范健美操术语并正确地运用,有利于健美操教学与训练,有利于人们相互间的交流,对促进本项目的技术发展和理论体系的完善有着极为重要的意义。

　　健美操术语是随着健美操的发展而不断丰富和完善的,其动作很多术语也很多。下面列举的基本术语,是一些主要的、常用的术语。

一、肢体动作方法术语

（一）肢体各部位的名称

健美操的一切动作都是通过身体各部位器官来实现完成的。为了便于识别肢体动作的名称及各种术语,首先应了解人体各部位的解剖名称及其所在位置。

（二）肢体动作方法术语

（1）立:指两腿站立的姿势,头正直,肩下沉,胸挺起,背直立,腹收回,胯提起,臂夹紧,腿上收。有直立、开立、提踵立、点地立、单腿立等。

(2)蹲:指两腿屈膝站立的姿势。半蹲:屈膝大于90度;全蹲:屈膝小于90度。

(3)弓步:指两腿前后或左右开立,一腿绷直,另一腿弯曲,屈腿的膝部与脚尖垂直。包括前、侧、后弓步。

(4)点地:指一腿伸直或屈膝站立,另一腿向其他方向伸直,脚尖或脚跟触地,身体重心在站立腿上。有向前、侧、后、斜的点地。

(5)踢腿:指一腿站立,另一腿向各方向做由下向上的加速有力的摆动动作。有向前、侧、后踢腿。

(6)吸腿:指一腿站立,另一腿屈膝向上抬起的动作。有向前、侧吸腿。

(7)举:指臂或腿由低向高抬起,移动角度不超过180度,并停止在某一部位的动作。

(8)屈:指身体某一关节弯曲或关节角度缩小。

(9)伸:指身体某一关节伸展或伸直。

(10)摆动:指臂或腿在某一平面内,自然地由一个部位匀速运动到另一个部位,但幅度不超过180度的动作。

(11)绕:指身体某部分移动范围在180度以上、360度以内的弧形动作。

(12)绕环:指身体某部分移动范围在360度或360度以上的圆形动作。

(13)波浪:指身体某部分邻近的关节按顺序做柔和的屈伸动作,如手臂波浪、身体波浪等。

(14)弹动:指膝关节有弹性的屈伸。

(15)跪:指屈膝并以膝着地的姿势。有跪立、单腿跪立、跪坐、跪撑等。

(16)坐:指以臀部着地的姿势。有屈腿坐、并腿坐、分腿坐、盘腿坐等。

(17)卧:指身体躺在地上的姿势。有仰卧、侧卧、俯卧等。

(18)支撑:指手支撑在地上并承担身体重量的姿势。有俯撑、仰撑、俯卧撑、蹲撑、跪撑等。

(19)倾:指身体与地面形成一定角度,如前倾、侧倾等。

(20)提:由下向上做运动,如提臀、提肩等。

(21)沉:身体某部分放松下降的动作,如沉肩。

(22)含:指两肩胛骨和胸部内收的动作。

(23)挺:指胸部或腹部向前展开,如挺胸、挺腹等。

(24)蹬:腿部由屈髋屈膝到伸直的发力过程,如蹬地。

(25)移重心:一脚向侧迈一步,经过屈膝重心移至一脚支撑,另一脚侧点地。

二、肢体关系术语

(一)人体运动面与运动轴

(1)运动面:按照人体的解剖学方位,人体有三个相互垂直的基本面,即水平面、矢状面与额状面。

水平面:横切直立人体与地面平行的切面。水平面将人体分为上、下两半。

矢状面:沿身体前、后径所作的与水平面垂直的切面。矢状面将人体分为左、右两半。

额状面:沿身体左、右径所作的与水平面垂直的切面。额状面将人体分为前、后两半。

(2)运动轴:人体运动时的三个相互垂直的基本轴,是描述人体转动时的假想轴,包括垂直轴、额状轴和矢状轴。

垂直轴:又称纵轴。指通过身体重心的上下的连线,是与水平面垂直的轴。

额状轴:又称横轴。指通过身体重心的左右的连线,是与水平面平行,与矢状面垂直的轴。

矢状面:又称前后轴。指通过身体重心的前后的连线,与水平面平行,与额状面垂直的轴。

(二)肢体关系术语

(1)同时:不同部位在同一时间完成动作。

(2)依次:不同肢体或不同个体相继完成同样性质的动作。

(3)交替:不同肢体或不同动作反复进行。

(4)同侧:做动作的上肢和下肢在一个方向,如出左腿、出左手。

(5)异侧:做动作的上肢和下肢不在同一个方向,如出左腿、出右手。

(6)同面:身体所有动作的运动面一致,如身体向侧移动、手臂侧摆。

(7)异面:不同肢体的运动面不一致,如向前走、手臂侧摆。

(8)双侧:两臂同时做同样的动作或下肢依次做相同的动作。

(9)单侧:只有一只手臂做动作或只做了一个方向的动作,如侧交叉步、右臂屈伸两次。

(10)对称:两臂同时做相同的动作或下肢依次做不同方向但相同的动作。

(11)不对称:两臂同时做不同的动作或下肢依次做不同的动作。

三、方向术语(身体面对的方向)

(1)前:做动作时胸部所对的方向。

(2)后:做动作时背部所对的方向。

(3)左:做动作时肢体左侧所对的方向。

(4)右:做动作时肢体右侧所对的方向。

(5)左前。

(6)左后。

(7)右前。

(8)右后。

(9)顺时针:转动方向与时针运动方向相同为顺时针方向。

(10)逆时针:转动方向与时针运动方向相反为逆时针方向。

四、移动术语

(1)移动:身体向着相应方向的参考点运动的方式。

(2)向前:向着前面的参考点方向运动。注意"前"和"向前"的区别,你可以面向前向前移动,也可以面向后向前移动。

(3)向后:向着后面的参考点方向运动。

(4)向侧:向着侧面的参考点方向运动,必须说明向左或向右。

(5)原地:无移动,或在四拍内回到原来的地方。

(6)向内:指肢体由两侧向身体正中线方向运动。

(7)向外:指肢体由身体正中线向两侧方向运动。

(8)转体:身体绕垂直轴转动。转体360度可以是4×90度或2×180度的转体。

(9)绕圆:绕着一个相应的点做转体,经常是向前、向后和向侧边移动的结合。

五、动作强度术语

人体运动时对地面产生一定的作用力,同时地面也给予人体相应的反作用力,即冲击力,在某种程度上体现了动作的强度。这种冲击力随着每一个动作自下而上通过人体向上传递并逐渐消失。

(1)无冲击力动作:指两脚始终接触地面,身体重心在两腿之间,没有腾空的动作,如蹲、弓步、移重心等动作,适合在练习的准备和动作结束部分使用。

(2)低冲击力动作:指总有一只脚接触地面的动作,如踏步及踏步的变化动作。

(3)高冲击力动作:指两只脚都离开地面,即有腾空阶段,对身体有一定的冲击力,一般是有跑跳的动作形式。

六、动作表现形式术语

(1)弹性:健美操中所指的弹性是关节自然的屈伸,给人一种轻松、自然的感觉。

(2)力度:指动作的用力强度,通常以肢体的制动技术来体现力度。

(3)节奏:指动作的用力强弱交替出现,并合乎一定规律。

(4)幅度:指动作展开的大小,一般是动作经过的轨迹越大则幅度越大。

(5)风格:一套动作所表现的主要艺术特色和思想特点。

(6)激情:充满健美操特点的强烈兴奋的情感表现。

七、动作中连接过程术语

(1)由:指动作开始的位置,如由前向后、由内到外等。

(2)经:指动作过程中经过的位置,如两臂经侧至上举。

(3)成:指动作完成的结束姿势,如左腿向前一步成弓步。

(4)至:指动作必须到达的某一指定位置,如两臂体前交叉绕至侧下举。

(5)接:强调两个单独动作之间的连续完成,如分腿跳接屈体分腿跳成俯撑。

八、力量练习概念术语

(1)肌肉力量:指肌肉收缩抵抗阻力的能力。一次可举起的最大重量为最大肌肉力量。

(2)肌肉耐力:指肌肉长时间保持工作的能力,即运用次强度重复或长时间收缩的能力。

(3)阻力练习:指运用负荷限制正常的动作,使肌肉克服一定阻力的练习。常被用于提升肌肉的力量和耐力。

(4)主动肌:指在某一动作中直接收缩的主要用力的肌群。

(5)协同肌:指在某一动作中协助主动肌用力的肌群。

(6)对抗肌:指和主动肌作用相反的肌群,通常在动作中是放松或伸展的。

(7)固定肌:指固定主动肌一端附着点所在的肌肉群。固定肌使主动肌的拉力方向保持固定。另外,固定肌收缩抵抗重力的作用,可以使练习时身体保持稳定。

(8)向心收缩:指肌肉收缩时克服重力的作用,并引起肌纤维长度缩短。

(9)离心收缩:指肌肉收缩时借助重力的作用,有控制地伸展肌肉,造成肌纤维逐渐伸长。

(10)动力性收缩:指肌肉在一定范围内收缩,肌纤维缩短和伸长交替进行,即交替做向心收缩和离心收缩。

(11)静力性收缩:指肌肉收缩,但肌纤维长度保持不变。静力性收缩练习对加强肌肉在某一位置上的力量非常有效,因而对保持身体姿态和损伤后的恢复具有重要意义。

第二节 健美操基本动作

健美操基本动作是健美操的核心,是最具有代表性、典型性的动作,是根据身体的各部位而确定的,各种动作都是在此基础上产生和发展的。健美操任何组合动作都是以它为基本元素进行编排的。如果我们将健美操的基本动作按一定的需要进行不同的组合和编排,可以产生不同难易、不同强度、不同风格及不同视觉观感的健美操动作组合。健美操的基本动作也是健美操教学和健身锻炼的基础。通过基本动作的练习,可以掌握正确的动作规格、力度、幅度等,使练习者尽快建立正确的动作技术概念,同时达到塑造健美形体、培养良好的姿态的目的。初学者在参加健美操锻炼伊始,一定要扎实地练好健美操基本动作,学会如何用力,体会动作的内在感觉,掌握健美操动作的特有风格,这对练习者取得良好的锻炼效果及日后在健美操方面的发展提高是十分必要和重要的。

健美操基本动作主要分为基本步伐、上肢基本动作、躯干基本动作以及头颈基本动作。

一、基本步伐

(一)基本步伐体系

健美操基本步伐是指在特定音乐伴奏下的脚步运动方法,包括下肢的各种走、跑、跳及舞步。基本步伐根据人体运动时,对地面冲击力的大小分为三类:无冲击力动作、低冲击力动作和高冲击力动作,许多低冲击力动作同时也可做成高冲击力动作。而根据动作完成形式的不同,又可将基本步伐分为五类:

(1)交替类:指两脚始终做依次交替落地的动作。

(2)迈步类:指一条腿先迈出一步,重心移到这条腿上,另一条腿用脚跟、脚尖点地或做吸腿、屈腿、踢腿等动作,然后做向另一个方向迈步的动作。

(3)点地类:指一脚支撑,用另一只脚尖或脚跟点地后还原到并腿位置的动作。

(4)抬腿类:指一腿站立,另一腿抬起的动作。

(5)双腿类:指双腿站立,身体重心在两腿之间的动作。

在交替类和迈步类中均有其原始的动作形式,教师在教初级课时应从原始动作形式开始。

以下所介绍的动作均为最常用的基本动作,可以在此基础上发展,创造具有个人风格的独特动作。

(二)基本动作说明

1. 交替类

交替类动作运动强度较低,要求在运动过程中至少有一只脚与地面保持接触。

(1)踏步(原始动作)

动作做法:两腿原地依次抬起,依次落地。同时两臂屈肘握拳,自然前后摆动。

技术要点:落地时,踝、膝、髋关节依次有弹性地缓冲,由脚尖过渡到脚跟着地。

动作变化:踏步分腿并腿,两脚依次向两侧迈步,完成分腿半蹲,再依次还原成并腿。

(2)走步

动作做法:迈步向前走四步或后退四步,然后反之进行。要求向前走时,脚跟先落地,过渡到全脚掌;向后走时则相反。

技术要点:在落地时,踝、膝、髋关节有弹性地缓冲。

动作变化:①三步点地,向前三步走,第四拍点地;②三步吸腿,向前三步走,第四拍吸腿。

(3)一字步

动作做法:一脚向前进一步,另一脚并于前脚,然后再依次还原。

技术要点:向前迈步时,先脚跟着地,过渡到全脚掌;前后均要有并腿过程;每一组动作膝关节始终有弹性地缓冲。

动作变化:①"V"字步——见"V"字步动作;②方步——左脚向右脚前方迈一步,右脚向左脚左侧迈一步,左脚向右脚后方迈一步,右脚回到起始位,形成一个方形。

(4)"V"字步

动作做法:一脚向前侧方迈一步,另一脚随之向另一方迈一步,成两脚开立"V"字形,屈膝,然后再依次退回原位。

技术要点:两腿膝、踝关节始终保持弹性状态,分开后成分腿半蹲,重心在两脚之间。

动作变化:"X"步——向前完成一个"V"字步再向后完成一个"V"字步,形成"X"形。

(5)漫步

动作做法:一脚向前迈出,屈膝,重心随之前移,另一脚稍抬起,然后原地落下;或者向后撤一步,重心后移,另一脚稍抬起,然后原地落下。技术要点:两脚始终保持交替落地,身体重心随动作前后移动,但始终在两脚之间。

动作变化:漫步转体。

(6)跑步

动作做法:两腿交替腾空,依次落地缓冲,两臂屈肘摆臂。

技术要点:落地屈膝缓冲,脚跟尽量落地。

动作变化:①高抬腿跑——膝盖尽量抬高;②后踢腿跑——小腿尽量后屈,脚跟靠臀部;③双跳跑——每只脚落地跳两次,交替进行。

2.迈步类

(1)并步(侧并步为原始动作)

动作做法:一脚迈出,另一脚随之并拢、屈膝点地,再向反方向迈步。

技术要点:两膝始终保持弹性缓冲,动作幅度和力度可随风格而定。

动作变化:①两次并步,向一侧做两个并步,再向反方向迈步;②侧交叉步——见侧交叉步动作。

(2)迈步点地

动作做法:一脚向侧迈一步,两腿经屈膝移重心,另一腿再前、侧或后用脚尖或脚跟点地。

技术要点:两膝同时有弹性地屈伸,重心移动轨迹呈弧形;上体不要扭转。

(3)迈步吸腿

动作做法:一脚迈出一步,另一腿屈膝抬起,然后向反方向迈步。

技术要点:经过屈膝半蹲,抬膝时支撑腿稍屈膝。

动作变化:重复吸腿,一脚迈出一步,另一腿重复屈膝抬起2~4次,最多不超过8次。

(4)迈步后屈腿

动作做法:一脚迈出一步,另一腿后屈,然后向反方向迈步。

技术要点:经过屈膝半蹲,支撑腿稍屈膝,后屈腿的脚跟靠近臀部。

(5)侧交叉步

动作做法:一脚向侧迈一步,另一脚在其后交叉,随之再向侧迈一步,另一脚并拢,屈膝点地。

技术要点:第一步脚跟先落地,身体重心快速随着脚步移动,保持膝、踝关节的弹性。

动作变化:①交叉步屈腿——侧交叉步的第四步做向后屈腿;②交叉步吸腿——侧交叉步的第四步做向上吸腿。

3.点地类

(1)脚尖点地

动作做法:一腿稍屈膝站立,另一腿伸出,脚尖点地,然后还原到并腿姿势。

技术要点:支撑腿始终保持屈膝站立,并且随动作有弹性地屈伸。

动作变化:①侧点地左右移重心——腿稍屈膝站立,另一脚向侧伸出,先脚尖着地,随即脚跟迅速向下弹压,同时重心侧移,然后还原;②点地吸腿——腿稍屈膝站立,另一腿向侧伸出点地,吸腿,再点地,还原。

(2)脚跟点地

动作做法:一腿稍屈膝站立,另一腿伸出,脚跟点地,然后还原到并腿姿势。只可做向前和向侧的脚跟点地。

技术要点:支撑腿始终保持屈膝站立,并且随动作有弹性地屈伸。

4.抬腿类

(1)吸腿

动作做法:一腿站立,另一腿屈膝向上抬起,落下还原。

技术要点:支撑腿保持屈膝弹动,大腿上抬与地面平行,小腿自然下垂,上体直立。

动作变化:原地、移动、转体抬腿。

(2)摆腿

动作做法:一腿站立,重心放在站立腿,另一腿自然摆动。

技术要点:主力腿屈膝缓冲,摆动腿伸直,上体保持直立。

动作变化:向前、向侧摆腿。

（3）踢腿

动作做法：一腿稍屈膝站立，另一腿直膝加速上踢，然后还原。

技术要点：抬起腿不需很高，但要控制力度；保持上体直立。

动作变化：原地、向前、向侧、向后踢腿。

（4）弹踢腿（跳）

动作做法：一腿站立（跳起），另一腿先向后屈膝，然后向前下方踢，伸直，还原。通常以高冲击力的形式出现。

技术要点：腿弹出时要有控制，保持上体直立。

动作变化：原地、向前、向侧、向后弹踢腿。

（5）后屈腿（跳）

动作做法：一腿站立（跳起），另一腿向后屈膝，放下腿还原。通常以高冲击力形式出现。

技术要点：支撑腿保持弹性，两膝并拢，跳跃时脚跟靠近臀部。

5. 双腿类

（1）并腿跳

动作做法：两腿并拢跳起。

技术要点：落地缓冲有控制。

动作变化：原地、转体并腿跳。

（2）分腿跳

动作做法：分腿站立，屈膝半蹲，向上跳起，分腿落地屈膝缓冲。

技术要点：屈膝半蹲时，大、小腿夹角不要小于 90 度，空中注意身体的控制。

（3）开合跳

动作做法：由并腿开始跳起，分腿落地，然后再由分腿跳起，并腿落地。

技术要点：分腿屈膝蹲时，两脚自然外开，膝关节沿脚尖方向弯曲，膝关节夹角不要小于 90 度，脚跟落地。

动作变化：原地开合跳，转体开合跳。

（4）半蹲

动作做法：两腿有控制地屈和伸。可分为并腿半蹲和分腿半蹲。

技术要点:分腿半蹲时,两腿左、右分开稍大于肩(或与肩同宽),脚尖稍外开,屈膝时关节角度不得小于90度,膝关节对准脚尖方向,臀部向后45度方向下蹲,上体保持直立。

动作变化:并腿半蹲、分脚半蹲、迈步转体半蹲。

(5)弓步

动作做法:两腿前、后分开,一腿屈膝,另一腿伸直站立。

技术要点:一腿屈膝,脚尖与膝盖垂直,另一腿伸直,重心落于两腿之间。

动作变化:①前弓步——一腿向前迈出,一大步并屈膝,膝与脚尖垂直;后腿伸直,足跟压住地面,上体正直;②侧弓步——一腿稍屈膝站立,另一腿向侧伸出,先脚尖着地,随即脚跟迅速向下弹压,同时重心侧移于屈膝腿上,上体正直;③后弓步——前腿伸直,重心移至后屈膝的腿上,上体正直。

(6)提踵

动作做法:两腿脚跟抬起,落下脚跟稍屈膝。

技术要点:两腿夹紧,重心上提时,收紧腹部,落下时屈膝缓冲。

二、上肢基本动作

在完成基本动作时加入不同的手臂动作,既能使动作变得丰富多彩,表现出美感,又能改变动作的强度和难度。例如,手臂在肩以上的动作强度就大于在肩以下的动作强度,手臂动作变化多的一组动作组合就难于手臂动作变化少的动作组合。另外,健美操的手臂动作除了自然摆动和一些舞蹈动作外,主要是模仿上肢力量练习的一些动作。这样做的目的一是美观,二是使练习更加有效。

健美操上肢动作分为肩部动作、手臂动作及手型动作,包括摆动、上举、屈伸、绕环、提拉、下沉等动作。

(一)肩部动作

有提、沉、绕环、收展等动作。

(1)提肩

上体正直,肩胛骨肩峰端向上提起,最大限度地收紧。提肩胛肌群,用力去碰耳垂。包括单肩提、双肩同时提和依次提肩。

（2）沉肩

下落肩胛骨，肩峰尽量向下，远离耳垂。

（3）肩绕和绕环

单肩或双肩以肩关节为轴向前或向后做圆周运动。小于 360 度的圆周动作为肩绕；大于 360 度为绕环。

肩绕和绕环分前、后两种，以动作的开始方向为界，开始向前为前绕，反之，为后绕。肩绕和绕环时，肩峰自然下垂，肩关节放松，头与上体相对固定。

（4）收肩、展肩

收肩：两肩同时向内收，稍含胸。

展肩：两肩同时向外展，挺胸。

（二）手臂动作

（1）举臂：指臂伸直向某方向抬起。

包括：①前举；②上举；③侧举；④后举；⑤侧下举；⑥侧上举；⑦前下举；⑧前上举。

（2）屈臂：指肘关节有一定角度的弯曲。包括：①臂腰侧屈（叉腰）；②叉髋；③胸前平屈；④肩侧屈；⑤肩上侧屈；⑥肩下侧屈；⑦肩上前屈；⑧头上屈；⑨头后屈；⑩背后屈。

（3）屈臂摆动：两臂屈肘前、后自然摆动。可依次或同时进行。

（4）上提：直臂或屈臂由下至上抬起，如屈臂前提、直臂侧提。

（5）下拉：手臂由上举或侧上举拉至身体两侧。

（6）胸前推：立掌，臂由肩部向前推。

（7）冲拳：屈臂握拳，由腰间猛力向前冲拳。

（8）肩上推：立掌，屈臂由肩部向上推。

（9）绕和绕环：以肩关节为轴，手臂在 180 度至 360 度之间的运动为绕，大于 360 度以上的圆周运动为绕环。

①前绕、后绕：沿肩横轴做向前或向后的圆周运动。

②向内绕：臂经体前交叉做的绕或绕环的动作。

③向外绕：由体侧下垂开始向外经侧举向上的绕或绕环的动作。

（10）振臂：臂加速快摆到最大幅度，上体保持正直，肩关节放松，尽量拉长伸臂肌肉。动作有后振和侧振。

①臂后振:两臂或一臂伸直向后,尽量摆至极限。后振分上举后振、侧举后振和下举后振。

②臂侧振:两臂或一臂向侧方的摆动,也分上举侧振和臂向前侧振。

(11)旋臂:旋臂是大臂和小臂以肩或肘为轴做向内或向外的旋转,大臂的旋转常伴随着肩和胸的活动,而小臂的旋转通常是在大臂固定的情况下活动的。

(12)交叉:两臂重叠成"X"形。

(三)手型动作

手型有掌与拳之分。

健美操中有多种手型,是从爵士舞、芭蕾舞、西班牙舞、迪斯科、武术等中吸收发展的。手型的选用可以使两臂动作更加丰富多彩,表现出美感,而且有助于加大动作的力度。

下面介绍几种常见的手形。

(1)五指并拢式(并掌):拇指指关节弯曲内扣,其余四指并拢伸直。

(2)五指张开式(分掌):五指用力伸直,充分张开。

(3)推掌式(立掌):手掌用力上屈,五指自然弯曲。

(4)西班牙舞式(也称健美指或花掌):五指分开,小指内旋,拇指稍内收。

(5)芭蕾舞式:五指微屈,后三指并拢,稍内收,食指稍分开,拇指内扣。

(6)拳:握拳,拇指第一关节扣住中指的第二关节处。

(7)剑指:拇指与无名指、小指相叠,中指与食指并拢伸直。

(8)响指:拇指与中指摩擦并与食指打响,无名指、小指屈握。

(9)一指式:握拳,食指伸直或拇指伸直。

(10)"v"指:拇指与小指、无名指相叠,食指与中指伸直并尽力分开。

在进行上述上肢动作练习时,应注意肌肉的用力过程,使动作富有弹性,避免上肢动作过分僵硬。

三、躯干基本动作

健美操躯干基本动作主要包括胸部、腰部、髋部三个部分。

（一）胸部动作

胸的基本动作是通过胸和背部的肌肉群收缩，使胸廓内收和外屈，也称含胸和展胸。胸部动作范围较小，练习时可结合各种上、下肢动作。

（1）含胸：含胸时，两肩尽力内收，稍低头，收紧胸部肌肉群，背部肌肉群放松并尽力拉长。

（2）展胸：展胸时，收紧背部肌肉群，使两肩外展，尽力向后，同时扩大胸部，头及上体尽量保持直立，肩自然下垂。

（3）振胸：指胸肌借助手臂向前、后有弹性地振动胸部。

（二）腰部动作

腰部的基本动作是在下肢固定的情况下，上体沿三种轴的运动，有屈、转、绕和绕环等动作。

（1）屈：指下肢不动，上体沿矢状轴和额状轴的运动，包括前、后屈，左、右侧屈。

①腰前屈：上体前屈，上体与大腿之间出现一定的角度，拉长腰后肌群。

②腰后屈：向后弯腰，腿固定，拉长上体腹部肌群。

③腰侧屈：上体向侧（左或右）弯曲，使上体与腿出现一定的角度，拉长一侧腰部肌群，收紧同侧肌群。

（2）转腰：指下肢不动，上体沿垂直轴的扭转，包括左、右转。

（3）腰绕与腰绕环：指下肢不动，上体沿垂直轴做水平方向的弧形、圆形运动。360度以内为腰绕，达到或超过360度为腰绕环。

（三）髋部动作

髋部动作在健美操运动中占有重要地位，它使躯干与下肢连为一体，形成对身体有整体影响的结合部，它使健美操运动更具魅力，体现时代风貌、新潮特征和并具有观赏性。髋部动作是指骨盆做向前、侧、后的运动。基本动作有顶、提、绕、摆。

（1）顶髋：指髋关节向一侧做水平方向运动的动作。方法是同方向的腿保持伸直，另一条腿则稍屈膝，可分腿或并腿做动作，有左、右顶髋和前、后顶髋。

（2）提髋：骨盆一侧做向上提起的动作。两腿伸直，同侧腿稍内旋，足尖点地，包括左、右提髋。

（3）绕髋:指髋关节沿水平轴做弧形或圆形运动。脚和上体保持相对固定。绕动范围尽量大,使腰、髋、臀周围的肌肉群交替协调地放松与紧张。

动作要求:髋关节做顶、提、绕和绕环时,要突出髋部运动,力求平衡、协调,要有弹性。

（4）摆髋:髋关节做钟摆式的左、右摆动,重心移动。摆髋分为左、右侧摆,前、后摆。

（四）躯干波浪动作

有向前、向后、向左、向右的波浪动作。要求:做波浪动作时,动作协调连贯。

（1）前波浪:由站立开始,先半蹲弓身,然后渐渐伸直腰,同时骨盆逐渐向前移,波浪动作的主体部分在腰椎、胸椎完成,最后躯干伸直,抬头以手臂动作结束。

（2）后波浪:由站立开始,接着塌腰、挺胸、抬头,然后屈膝至弓身半蹲。

掌握了身体的前波浪、后波浪之后,就可以把两个波浪连起来做。

（五）地上基本姿态

形式:有坐（直角坐、分腿坐、跪坐、盘腿坐）;卧（仰卧、俯卧、侧卧）;撑（仰撑、俯撑、跪撑、侧撑等）。

技术要求:①做各种坐姿时,收腹、立腰、挺胸;②撑时,腰背收紧。

四、头颈基本动作

头颈基本动作是以颈部为轴,沿垂直、矢状、额状三轴进行的运动。

（1）屈:指头颈关节呈一定角度的弯曲。

①前屈:上体正直,下颏尽量靠近胸部,充分拉长颈后肌肉群（头向下低）,然后还原。

②后屈:上抬下颏,充分拉长颈前肌肉群（头向后仰）,然后还原。

③侧屈:左侧屈,头向左侧屈,左耳下压对准肩,拉长右侧颈部肌肉群;右侧屈,头向右侧屈,右耳下压对准肩,拉长左侧颈部肌肉群。

（2）转:指头颈部沿身体垂直轴向左、右转动。上体保持正直,尽量转到最大限度,充分拉长异侧颈部肌肉群。

(3)绕与绕环:绕与绕环是以颈椎为轴,头部做弧形或圆形运动,头向左或向右绕或绕环。

①绕:指头以颈椎为轴做不大于360度的弧形动作。左绕头从右侧屈,绕前屈绕至左侧屈,稍抬头;右绕头从左侧屈,绕前屈绕至右侧屈,稍抬头。

②绕环:指头从一侧屈开始,做绕前、侧、后、还原的360度圆形动作,有向左绕环和向右绕环两种。

(4)平移:头向前平移,还原。头向后平移,还原。头向侧平移,还原。

要求:上体保持正直,头颈移动的方向要准确,颈部肌肉充分伸展。

第三节 健美操基本技术

健美操的基本技术主要有落地技术、弹动技术、半蹲技术和身体控制技术。基本技术直接体现了健美操的基本特征,也是健美操区别于其他运动项目的重要因素之一。基本技术的形成是从防止身体损伤出发,保证健美操项目的安全性,其中落地技术、弹动技术和半蹲技术实际上是紧密联系在一起的。

一、落地技术

(一)什么叫落地技术

在做走步和腾空落地时要有一个缓冲动作,这就是落地技术。落地缓冲动作的主要目的是使身体尽可能地保持稳定,同时减少地面对关节、肌肉的冲击力,以避免造成运动损伤。

(二)落地技术的掌握

(1)落地时,由脚跟过渡到全脚掌或由前脚掌过渡到脚掌,然后迅速屈膝、屈髋缓冲。所有动作在瞬间依次完成,用以分解地面对人体的冲击力,同时躯干与手臂保持良好的姿态,肌肉用力以保持动作的稳定与控制。

(2)每一个动作都要有一个"全脚掌"落地过程的要求,可以使练习者小腿肌肉得到放松,避免在整堂课中小腿始终紧张,从而减少了由于小腿局部负担过重而引起的胫骨或腓骨骨膜炎以及肌肉过度疲劳或拉伤的可能性。

二、弹动技术

（一）弹动技术的形成

弹动技术主要依靠踝关节、膝关节、髋关节的屈伸缓冲而产生,通过腿部各屈伸肌肉群协调用力,形成弹动动作。弹动技术是健美操动作在明显的音乐节奏下,各参与运动的肌肉有控制地完成,使动作更流畅而具有动感,同时也能减少运动对人体造成的损伤。

（二）弹动技术的练习方法

1.踝关节的屈伸动作的练习

在练习弹动动作时,可以先从练习踝关节的屈伸动作开始。练习方法:双腿并拢伸直,身体保持正直,做立踵和落踵的动作。熟练之后做膝关节与髋关节的弹动练习。练习方法:双腿原地并拢伸直,身体保持正直,屈膝半蹲,膝关节不要超出脚尖的位置,同时髋关节稍屈。当这两部分的动作都已经熟练,便可把两部分连起来练习,使之形成完整的弹动动作。

在踝关节的弹动过程之中最主要的肌群为小腿的后部肌群,而膝关节、髋关节的运动主要由大腿肌群、臀部肌群、腹部肌群和腰部肌群参加。

2.落地动作的练习

在做走步和腾空落地时的由脚跟过渡到全脚掌或由前脚掌过渡到全脚掌。

3.半蹲动作的练习

弹动动作的过程都是通过屈膝半蹲的技术来实现的。半蹲练习时,应注意膝关节不应超过脚尖,在分腿半蹲时,膝关节弯曲的方向与脚尖的方向保持一致,如开合跳。

三、半蹲技术

（一）半蹲技术的重要性

在健美操练习过程中,每一个动作几乎都需要半蹲的出现,因为无论是落地缓冲技术,还是弹动技术,实际上都是和半蹲动作联系在一起的,都是通过屈膝半蹲的技术来实现的。一些常用的力量练习动作,如分腿半蹲、弓步等,也和半蹲动作有很大的关系。因此,半蹲技术的掌握对健美操练习的完成质量具有重大影响。

（二）半蹲技术的练习方法

半蹲时，身体重心下降，臀部向后下45度角的方向用力，膝关节不应超过脚尖，腰腹、臀部和大腿肌肉收缩，上体保持正直，重心在两腿之间，起落要有控制。分腿半蹲时，脚尖自然外开，应特别注意膝关节弯曲的方向要与脚尖的方向一致，保持自然关节的正确位置，避免脚尖或膝关节内扣或过度外开以及膝关节角度小于90度的"深蹲"。

在有氧操练习中，分腿半蹲一般采取"宽蹲"的姿势，即两腿开度大于肩宽。而在轻器械操练习中，尤其是在负重的情况下，一般都采用"窄蹲"的姿势，即两腿开度同肩宽。这一差别主要是因为宽蹲有助于加大动作幅度，有效地提高运动负荷和无负重状态下的练习效果，同时动作也更好看、更流畅；而窄蹲则更有利于负重训练，提高在负重状态下的练习效果，同时避免运动损伤。但无论是宽蹲还是窄蹲，都应遵循同样的技术要求。

四、身体控制技术

（一）身体姿态的控制

健美操的身体姿态规定是根据练习的安全性和现代人体与行为美的标准而建立的。健美操是一项塑造人体的较有效的运动项目，它的身体控制技术为建立人体美与行为美创造了条件。在整个非特殊条件下的运动过程中，身体应保持自然挺拔，头部稍稍昂起，使颈椎、胸椎、腰椎处于正常生理曲线的位置，并始终保持腰腹和背部肌肉的协调收缩，无论肢体的位置如何变化都应有效控制。

（二）身体控制技术的作用

（1）在身体活动时，如果身体处于无控制状态，将破坏人体的正常生理结构，造成某部位"过伸"现象，易造成运动损伤。

（2）健美操练习过程中的身体姿态，取决于肌肉用力的感觉和程度，正确的身体控制能使动作不僵硬、松弛而不松懈。

（三）进行动作的控制训练

包括动作的部位、方向、路线的控制。

第四节　健美操基本动作步伐组合

一、基本动作组合

(一)头颈动作组合

预备姿势:开立,两手叉腰。

(1)第一个 8 拍:1～2 拍头左侧屈还原成预备姿势;3～4 拍头右侧屈,还原成预备姿势;5～6 拍头前屈,还原成预备姿势;7～8 拍头后屈,还原成预备姿势。

(2)第二个 8 拍同第一个 8 拍。

(3)第三个 8 拍:1 拍分腿半蹲,同时头向左转;2 拍还原成预备姿势;3 拍同 1 拍,但头向右转;4～7 探头向左经后、右绕环一周;8 拍还原成立正姿势。

(4)第四个 8 拍:1 拍左脚向左一步成分腿半蹲,两手叉腰,同时头向左转;2 拍左脚向右脚靠拢成并腿站立;3 拍同 1 拍,但方向相反;4～7 拍两腿伸直,同时头经左、后、右、绕环一周;8 拍右脚向左脚靠拢,两臂放下成立正姿势。

(二)肩部动作组合

预备姿势:直立。

(1)第一个 8 拍:1 拍两脚开立,左肩上提;2 拍左肩下沉;3～4 拍同 1～2 拍,但提、沉右肩;5 拍双肩上提;6 拍双肩下沉;7～8 拍同 5～6 拍。

(2)第二个 8 拍:1 拍上半拍经分腿半蹲,下半拍重心移至右脚,左脚侧点地,同时左肩上提;2 拍分腿半蹲,肩还原;3 拍重心移至左脚,右脚侧点地,同时右肩上提;4 拍同 2 拍;5 拍两腿伸直,同时双肩上提;6 拍同 4 拍;7 拍同 5 拍;8 拍双肩还原。

(3)第三个 8 拍:1～2 拍左腿稍屈内扣,同时左肩经后向前绕肩;3～4 拍左腿伸直,同时左肩从前向后绕肩;5～8 拍同 1～4 拍,但方向相反。

(4)第四个 8 拍:1～2 拍向左转体 45 度,右脚靠在左脚跟后稍屈膝,双肩前绕(含胸低头);3～4 拍还原成开立,同时上体直立,双肩后绕;5～8 拍同 1～4 拍,但方向相反;过渡 2 拍左脚并右脚呈直立姿势。

(三)四肢基本动作组合

预备姿势:立正。

(1)第一个8拍:1拍左脚前点地立,同时两臂前举(掌心向下);2拍左脚侧点地立,同时两臂侧举(掌心向上);3拍前吸左腿,同时两臂肩侧屈,指尖触肩;4拍两腿伸直,同时两臂侧上举(掌心向前);5拍左腿向左半步成分腿半蹲,同时两臂胸前屈交叉(分掌,掌心向后);6拍两腿伸直,同时两臂侧下举(分掌,掌心向后);7拍分腿半蹲,同时两臂握拳下伸;8拍还原成直立。

(2)第二个8拍:同第一个8拍,唯换腿做。

(3)第三个8拍:1~2拍左脚侧出点地,两臂侧举;3~4拍向左转体90度成半蹲,右脚点地,两臂胸前交叉屈,右臂在前,低头含胸;5拍右腿后伸成左弓步,同时两臂侧举后振,掌心向前;6拍收右脚,同3~4拍,两臂前举击掌;7拍同5拍;8拍向右转体90度还原直立。

(4)第四个8拍:1~2拍左腿侧出点地,两臂侧举;3~4拍向左转体90度成半蹲,右脚尖点地,同时两臂下伸,低头含胸;5拍右腿后伸成左弓步,同时右臂上举后振,左臂下举后振;6拍收右脚同3~4拍,同时左臂上举后振,右臂下举后振;7拍同5拍;8拍向右转体90度还原直立。

(5)过渡4拍:1~2拍右脚侧跨一步;3~4拍左脚并右脚成直立。

(四)腰部基本动作组合

预备姿势:开立。

(1)第一个8拍:1~2拍左腿向左一步成开立,同时两臂胸前交叉(分掌,掌心向后);3~4拍分腿半蹲,同时向左体侧屈,左臂侧平举,右臂胸前屈(分掌,掌心向后);5~8拍同1~4拍,但方向相反。

(2)第二个8拍:1~2拍向左转体90度,同时两臂侧平举(掌心向上);3~4拍起立,同时向右转体180度,两手叉腰;5~6拍同3~4拍,但方向相反;7~8拍向右转体90度,同时两臂放下。

(3)第三个8拍:1~2拍上体前屈90度,同时两臂平举(掌心向下),抬头挺胸;3~4拍重心左移成左侧弓步,同时上体左侧倾,左臂摆至侧平举,右臂贴于右侧;5~6拍同3~4拍,但方向相反;7~8拍重心移至两脚之间成开立,同时两臂侧平举。

（4）第四个 8 拍:1～2 拍右腋下;3～6 拍及 7～8 拍向左转体 90 度,同时上体前屈 90 度、右臂上举,左臂屈肘贴于上体经左前屈向右后腰绕环一周,还原成预备姿势。

(五)髋部基本动作组合

预备姿势:开立。

（1）第一个 8 拍:1～2 拍向左顶髋两次,右腿屈膝内扣,两臂于体侧自然摆动;3～4 拍同 1～2 拍,但方向相反;5～8 拍摆髋两次,同时两臂向内绕环一周。

（2）第二个 8 拍同第一个 8 拍。

（3）第三个 8 拍:1 拍向左顶髋一次,右腿屈膝内扣,同时两臂胸前平屈;2 拍向右顶髋一次,左腿屈膝内扣,同时两臂下伸;3～4 拍同 1～2 拍,5 拍同 1 拍,两臂胸前屈、握拳;6 拍两臂前伸至前平举;7～8 拍同 5～6 拍。

（4）第四个 8 拍:1～8 拍髋向左绕环两周,同时两手五指交叉翻掌上举,还原预备姿势并腿直立。

(六)踢腿动作组合

预备姿势:直立。

（1）第一个 8 拍:1～2 拍左脚侧出一步点地立,同时两臂侧举;3～4 拍左脚并于右脚,脚尖点地成半蹲,同时两臂经头上方交叉绕至体前交叉;5 拍左腿侧踢,同时两臂侧摆;6 拍同 3～4 拍;7 拍同 5 拍;8 拍还原成直立。

（2）第二个 8 拍同第一个 8 拍,但方向相反。

（3）第三、第四个 8 拍同第一、第二个 8 拍。

（4）第五个 8 拍:1～2 拍左脚后点地站立,同时两臂上举;3～4 拍右腿弯曲,左脚前擦点地,同时左臂侧上举,右臂胸前屈头右转;5 拍左腿后踢,右腿蹬直,同时右臂侧上举,左臂侧下举;6 拍同 3～4 拍;7 拍同 5 拍;8 拍还原成直立。

（5）第六个 8 拍同第五个 8 拍,但方向相反。

（6）第七、第八个 8 拍同第五、第六个 8 拍。

(七)跑跳动作组合

预备姿势:直立。

（1）第一个 8 拍:1～4 拍左脚开始向前跑跳步四次,两手体后握;5～8 拍跑跳步向左转体 360 度,同时左臂经前向侧打开。

(2)第二个 8 拍同第一个 8 拍,但方向相反。

(3)第三个 8 拍:1~4 拍左脚开始向前跑跳步四次,同时两手体后握;5~8 拍跑跳步向左转体 360 度,同时两臂侧上举。

(4)第四个 8 拍同第三个 8 拍,但方向相反,最后还原成直立。

(八)整理运动

1~2 拍两臂侧上举;3~6 拍下蹲抱膝,低头;7 拍同 1~2 拍;8 拍还原成直立。

二、校园健美操组合

(一)热身运动

(1)第一个 8 拍:1~4 拍两臂经侧至上举(五指分开,掌心向前),低头;5~8 拍抬头,同时半蹲,两臂屈肘下落合掌至胸前(五指并拢,指尖向上)。

(2)第二个 8 拍:1~2 拍重心移至左脚,右脚尖点地,同时左臂经胸前平屈至侧上举(五指分开,掌心向前);3~4 拍重心移至右脚,左脚尖点地,同时右臂经胸前平屈至侧上举(五指分开,掌心向前);5~8 拍半蹲,同时两臂屈肘下落合掌至胸前(五指并拢,指尖向上),抬头。

(3)第三个 8 拍:1 拍右脚向左前一步,同时两膝微屈,右臂上举(五指分开,掌心向前);2 拍左腿后侧,脚尖点地成右弓步,抬头;3~4 拍腿同 1~2 拍,方向相反,同时右臂经胸前平屈向下伸直(五指分开,掌心向下),目视前方;5~6 拍腿同 1~2 拍,同时两臂经前摆至侧举(五指分开,掌心向前);7~8 拍左腿向右前一步交叉转体 360 度,同时两臂置于体侧。

(4)第四个 8 拍:1~6 拍左腿抬起原地踏步,直臂前、后摆动,臂与身体夹角约 45 度(握拳,拳心向后);7 拍左腿向左一步,同时两臂置于体侧;8 拍右腿向右一步成开立。

(二)头部运动

(1)第一个 8 拍:1~2 拍半蹲,同时抬头,左臂前举(立腕,五指并拢);3~4 拍低头;5 拍头左转,同时左臂摆至侧举;6 拍两腿伸直,同时头右转 180 度;7 拍头还原;8 拍左臂还原至体侧。

(2)第二个 8 拍同第一个 8 拍,但方向相反。

（3）第三个 8 拍：1～2 拍半蹲，同时头向左屈；3～4 拍两腿伸直，同时头向右屈。5～8 拍头经后向左绕环一周后还原。

（4）第四个 8 拍同第三个 8 拍，但方向相反。

（三）肩部运动

（1）第一个 8 拍：1～2 拍左腿向前屈膝，脚跟提起，同时左肩上提；3～4 拍左腿还原，同时左肩还原；5～6 拍同 1～2 拍，但方向相反；7～8 拍同 3～4 拍，但方向相反。

（2）第二个 8 拍：1～2 拍左腿屈膝成左弓步，同时双肩向后绕环一周；3～4 拍右腿屈膝并于左腿，同时双肩向后绕环一周；5～6 拍右脚向侧一步成半蹲，同时双肩向前绕环一周；7～8 拍两腿伸直，同时双肩向前绕环一周，双腿并立。

（3）第三个 8 拍：1 拍左脚向侧半步，同时两臂上举（五指分开，掌心向前）；2 拍右腿并于左腿后，同时两膝微屈，两臂经后绕至体侧屈肘（五指分开，掌心向前）；3 拍两臂向侧屈伸一次；4 拍两臂向侧伸出至侧举；5 拍左臂旋外（五指并拢，掌心向上），同时右臂旋内（五指并拢，掌心向下）；6 拍同 5 拍，但方向相反；7～8 拍同 5～6 拍。

（4）第四个 8 拍同第三个 8 拍，方向相反。但第 8 拍两臂还原体侧、直立动作。

（四）胸部运动

（1）第一个 8 拍：1～2 拍左腿向左前一步成半蹲，右腿屈膝并于左腿，同时向左转体 45 度，两臂体前下举（五指并拢，手背相对），含胸，低头；3～4 拍左脚前蹬成右弓步，脚跟着地，同时两臂屈肘后拉收于腰际（握拳，拳心向上），挺胸，头右转；5～6 拍重心移至左腿成左弓步，同时两臂伸直经后前侧打开扩胸（五指并拢，掌心向前）；7 拍左腿伸直，重心前移，右脚尖点地，同时两臂经下、前至上举后振（五指并拢，掌心向前）；8 拍向右转体 45 度成开立，同时两臂经侧还原体侧。

（2）第二个 8 拍同第一个 8 拍，但方向相反。

（3）第三个 8 拍：1～2 拍左脚侧出点地，同时两臂侧举；3～4 拍向左转体 90 度成半蹲，左脚尖点地，同时两臂下伸，低头含胸；5 拍右腿后伸成左弓步，同时右臂上举后振，左臂下举后振；6 拍右腿同 3～4 拍，同时左臂上举后振，右臂下举后振;7拍同5拍;8拍右转体还原直立。

(4)第四个8拍同第三个8拍,但方向相反。

(5)过渡4拍:1～2拍右脚侧跨一步;3～4拍左脚并右脚成直立。

(五)踢腿运动

(1)第一个8拍:1拍向左转体90度,同时左腿伸直提踵站立,右腿向前弹踢45度,左臂胸前平屈(握拳,拳心向后下),右臂侧举(握拳,拳心向下);2拍右脚落地,同时左腿屈膝,两臂落于体侧;3拍同1拍,但方向相反;4拍向右转体90度,同时左脚落地,两臂肩侧屈(握拳,拳心向下);5拍左脚提踵站立,同时右腿直膝前踢,两臂上举(五指分开,掌心向前);6拍左脚落踵,同时右腿落下,两臂向内交叉于腹前(握拳,拳心向后);7拍右腿直膝侧踢(脚面向上),两臂侧举(五指分开,掌心向前),上体稍前倾;8拍右腿落至右侧成开立,同时两臂还原。

(2)第二个8拍同第一个8拍,但方向相反。

(3)第三、第四个8拍同第一、第二个8拍。

(六)腰部运动

(1)第一个8拍:1～2拍右腿屈膝成右侧弓步,同时左臂屈肘外张,手扶右腿,右臂后上举,上体左侧屈;3拍同1～2拍,但方向相反;4拍左腿伸直成开立,同时右臂肩侧屈(握拳,拳心向前),左臂自然落于体侧;5～6拍上体左侧屈,同时右脚并于左脚旁点地,两膝微屈,右臂伸直上举(五指分开,掌心向前),左臂自然下垂;7拍右脚侧出一步成开立,同时右臂经左下绕至侧举(五指并拢,掌心向下);8拍上体还原,同时右臂落于体侧。

(2)第二个8拍同第一个8拍,但方向相反。

(3)第三、第四个8拍同第一、第二个8拍。

(4)第五个8拍:1拍右腿屈膝成右后弓步,同时上体向左扭转90度,右臂屈肘,手扶左肩;2拍右腿伸直,同时上体转回,右臂自然放于体侧;3～4拍同1～2拍,但方向相反;5拍半蹲,同时上体向左扭转90度,两臂侧下举(五指分开,掌心向前);6拍上体转回,同时两腿伸直,两臂自然放于体侧;7拍半蹲,同时上体向左扭转90度,两臂侧举(五指分开,掌心向前);8拍同6拍。

(5)第六个8拍同第五个8拍,但方向相反。

(6)第七、第八个 8 拍同第五、第六个 8 拍。

(七)髋部运动

(1)第一个 8 拍:1～2 拍右腿屈膝,同时左腿伸直向左顶髋 2 次,左臂侧举(五指分开,掌心向前),目视左手;3～4 拍同 1～2 拍,方向相反,但左臂保持侧举,右臂自体侧向上侧举;5 拍两臂腹前交叉(五指分开,掌心向后),同时向左顶髋,头转正;6 拍向右顶髋,同时两臂绕至上举(掌心向前);7 拍向左顶髋,同时两臂绕至侧举;8 拍向右顶髋,同时两臂绕至体侧下垂。

(2)第二个 8 拍:1 拍左脚向前踏步,同时右腿屈膝后提,右臂摆至胸前平屈,左臂摆至侧举(两手握拳,拳心向下);2 拍右腿屈膝落于左腿后,同时两臂自然落于体侧;3 拍左脚向后踏步,同时右腿自然屈膝,左臂摆至胸前平屈,右臂摆至侧举(握拳,拳心向下);4 拍左腿屈膝落于右腿后,同时两臂自然落于体侧;5 拍左脚向前一步旋内(脚尖右转),同时上体右转 45 度,提左髋(重心移至右脚),两手插髋;6 拍左腿屈膝,同时向右后顶髋;7 拍同 5 拍;8 拍左腿收至右脚旁成开立,同时两臂自然落于体侧。

(3)第三个 8 拍同第一个 8 拍,但方向相反。

(4)第四个 8 拍同第二个 8 拍,但方向相反。

(八)跳跃运动

(1)第一个 8 拍:1～4 拍左脚起步做一次十字跑跳,两臂自然摆动;5 拍跳至开立,同时两臂胸前平屈,上、下拉开(五指并拢,掌心向下,右手在左手上);6 拍跳至并立,同时两手胸前重叠;7～8 拍同 5～6 拍。

(2)第二个 8 拍同第一个 8 拍,但最后一拍两臂侧举(握拳,拳心向下)。

(3)第三个 8 拍:

预备姿势:直立,双臂前举。

1 拍双脚跳起落至左腿屈膝,右腿伸直(勾脚尖),同时左臂胸前平屈后振(拳心向下),右臂侧举后振(拳心向下);2 拍双腿跳回成直立,同时两臂前伸(掌心向下);3 拍同 1 拍,但方向相反;4 拍同 2 拍;5 拍右脚蹬跳,同时左腿屈膝上提,两臂经前至侧举(掌心向下);6 拍左腿下落,同时两臂上举(拳心向下);7 拍腿部动作同 5 拍,同时上体左转,两臂落至侧举(五指分开,掌心向前);8 拍腿同 2 拍,同时上体转回,两臂前举(握拳,拳心向下)。

(4)第四个8拍:1~7拍同第三个8拍的1~7拍,但方向相反;8拍右腿下落,同时两臂屈肘收于腰际(握拳,拳心向上)。

(5)第五个8拍:1拍跳至马步,同时右臂前伸冲拳(拳心向下),左臂屈肘收于腰际(拳心向下);2拍双腿蹬回成直立,同时右臂屈肘收于腰际(拳心向下);3拍同1拍,但方向相反;4拍腿同2拍,两臂落于体侧;5拍双腿蹬跳成左前弓步,同时向左转体90度,两臂肩侧屈(握拳,拳心相对);6拍双脚蹬回成直立,同时向右转体90度,两臂落于体侧;7拍同5拍,但方向相反;8拍双腿蹬回成直立,同时向左转体90度,两臂屈肘收于腰际。

(6)第六个8拍同第五个8拍,最后1拍两臂收至肩侧屈(拳心向前)。

(7)第七个8拍:1拍左腿向前弹踢,同时两臂侧上举(五指分开,掌心向前);2拍左脚着地,同时右腿屈膝后提,两手握拳收至肩侧屈(握拳,拳心向前);3拍同1拍,换腿进行;4拍右脚落地,同时左腿屈膝后提,两臂向内交叉至腹前(握拳,拳心向后);5拍左腿向左侧弹踢,同时两臂向外摆至侧下举(五指分开,拳心向后);6拍左脚着地,同时右腿屈膝后提,两臂收至腹前交叉(握拳,拳心向后);7拍同5拍,换腿进行;8拍腿同4拍,两手握拳收至肩侧屈(拳心向前)。

(8)第八个8拍同第七个8拍,但最后1拍并腿,两肘两臂落于体侧。

(九)整理运动

(1)第一个8拍:1~2拍左腿向左并步成右后点立,同时身体左转45度,左臂经侧至上举(掌心向右);3~4拍左腿屈膝,同时右腿屈膝并于左腿,上体放松前屈,左臂屈肘经前自然落下;5~8拍同1~4拍,但方向相反。

(2)第二个8拍:1~2拍左脚侧出一步成开立,同时上体转回,两臂由腹前向外经侧至上举(拳心相对);3~4拍逐渐半蹲,同时两臂屈肘向下按掌(指尖相对,掌心向下);5~6拍逐渐立起,臂同1~2拍;7~8拍同3~4拍,最后左脚并于右脚,同时两臂落于体侧。

第四章 健美操教学方法的创新与应用

第一节 常见健美操教学方法

一、讲解法

讲解法就是教师向学生阐述健美操基本知识，说明健美操动作要领、规则、要求等，目的在于指导学生学习和掌握健美操知识与运动技能。在新授课模式中一般采用这一教学方法。健美操教师采用讲解法要做到以下几方面。

第一，讲解过程中要有明确的目的性，保证讲解质量。

第二，语言简洁明了，使学生充分理解讲解的内容。

第三，讲解顺序合理，一般先讲下肢动作，再讲上肢动作，最后再讲躯干、头颈、手眼等方面的配合。

第四，讲解时口齿清晰，层次分明。

第五，讲解过程中以声传情，配合手势、眼神等，将有声语言和无声表情、动作结合起来。

二、示范法

（一）示范类型

1. 完整示范

学生健美操基础较好，且所教健美操动作结构简单时，教师可以给学生完整地示范动作，从动作开始到结束连贯完成动作。

2. 分解示范

学生基础较差，而且所教动作结构比较复杂时，可采用分解动作的方法进行示范,学生掌握各个动作环节后,再进行组合练习。

(二)教学要求

第一,示范动作准确、熟练、舒展和优美。

第二,教师要清楚示范的目的,如果示范后没有达到目的,可重复示范。

第三,教师在示范过程中要详细讲解动作要领和易出错的地方,否则学生很难发现其中的要领和细节。

第四,教师要选择恰当的示范位置,示范时尽可能让全体学生都清楚地看到示范,示范时要控制好动作速度。

三、提示法

(一)语言提示

健美操教学中,教师要用精简的语言或口令来提示学生要完成什么动作,在什么时间内完成,完成多少次,以什么方法完成,要达到什么要求等。在语言提示过程中,教师需做到如下要求。

第一,提示语言准确无误,声音洪亮清晰。

第二,口令提示与音乐节奏相配合。

(二)非语言提示

在健美操教学中,教师还可以运用肢体语言、面部表情来间接提示学生要完成的动作及需要注意的地方。在非语言提示中,教师需做到如下几点要求。

第一,不管选用何种形式来提示,都要使学生明白自己的用意。

第二,肢体语言规范准确。

第三,提示时机适宜。

第四,通过提示激励学生,使学生感受到自己是被重视的,从而在课堂上更加积极学习。

第五,非语言提示与语言提示结合使用。

四、纠正错误方法

采用纠正错误方法可以帮助学生掌握正确的健美操动作,纠正错误方法具体有以下几种运用方式。

（一）语言提示法

在健美操教学中,学生因为记忆模糊或不清楚动作要领而出现错误动作时,教师可通过语言提示引导学生完成正确动作。在提示过程中,可提示动作名称或动作要领。

（二）指导法

学生完成健美操练习后,教师评价学生的练习情况,指出错误与不足之处,并指导学生及时改正。

（三）助力法

在健美操教学中,教师可以给学生提供直接的帮助,使学生深入体会动作的正确姿势和发力点,从而提高动作的规范性。面对基础较差的学生时多采用这一教学方法。

（四）对比分析法

教师先示范正确动作,再示范学生的错误动作,让学生对比观察并找到其中的差异,认识到自己的错误并及时改正。

（五）静控体验法

有些学生在练习时不容易有效控制动作,常常出现错误,对此,教师需采用肢体控制的方法使学生切实体会肌肉发力感和正确的动作方位。例如,有些学生练习时手臂伸展不直,教师可专门安排两臂伸直的练习。

五、动作组合教学方法

在健美操组合动作教学中,为了提高教学的实效性,使学生连贯掌握健美操组合动作,需采取针对性的教学方法,即动作组合教学方法。下面介绍几种简单动作组合的教学方法。

（一）连接法

连接法是指按照一定的顺序将单个健美操动作连接起来,使其成为健美操组合动作的方法。例如,教师先教第一个动作,再教第二个动作,然后连接这两个动作,第三个动作和第四个动作也是如此,最后将四个动作连接起来,形成新的组合动作。

（二）线性渐进法

在健美操组合动作或套路动作教学中,教师经常采用线性渐进法进行教学。具体方法就是按顺序排列单个动作,只改变一个因素来实现动作之间的过渡,采用这一方法要注意动作的变化应以容易过渡为主。

（三）递加循环法

递加循环法就是学习新动作后,连接前面的动作进行综合练习。

（四）金字塔法

金字塔法是指改变单个动作的练习次数,递增或递减次数,用图形表示就很像金字塔。金字塔法有正金字塔法和倒金字塔法,前者指的是逐渐减少单个动作的练习次数,优点是使学生专注于动作技术、身体姿态、练习强度;后者指的是逐渐增加单个动作练习次数,优点是增加组合动作的复杂性和动作连接的节奏感,使学生的注意力集中到动作练习中,提高练习效果。

（五）过渡动作法

过渡动作法就是将一个或一段简单的动作加在复杂动作之前,作为学习复杂动作的一个过渡,这对于掌握复杂动作非常有利。学生掌握复杂动作后,可去掉过渡动作再进行完整练习。

（六）层层变化法

层层变化法是指在多次练习中,通过层层变化从一个动作组合逐渐过渡到另一个动作组合的方法。运用这一方法,在原有动作的基础上做出改变,每改变其中一个动作,就要重新练习整个组合动作。

第二节　健美操教学方法的合理选择

一、健美操教学方式概述

教学方法主要指的是在教学过程中,学科教师及学生为了有效完成教学任务及达到教学目的所采用的一种行为方式。就概念定义来说,大体可以分为广义与狭义两个方面。其中广义的教学方式主要指的是在进行教学的过程中,健美操教师为了有效完成教学的基本任务所使用的手段与方式。从狭义的角度来说,健美操教学方式主要指的是在进行健美操教学活动的过程中,教师未来完成教学任务所使用的健美操教学方式,例如过渡动作法以及递加法等措施。

二、学校健美操课常用方法

(一)讲解法

这一方式主要指的是运用于健美操教学新授课程的示范动作的教学方式。在进行讲解的过程中,一定要保证讲解具备相对明确的目的性,同时还要保证讲解的质量。不仅如此,讲解的使用语言也要始终保证相对简洁明了,保证学生可以对讲解的内容进行充分了解,保证讲解顺序处于相对合理的状态。总体来说,一般先讲下肢的动作,之后再讲上肢的动作,最后再讲解有关躯干、头颈以及手眼等方面的配合。同时,讲解的过程中还要使用普通话,不仅要保证口齿清晰,还要保证层次分明。另外,教师在进行讲解的过程中,一定要保证以声传情,发挥手势以及眼神等方面的作用,促使无声的行动可以有效地发挥出有声语言的作用。

(二)示范法

在教学的过程中使用示范教学的方式,可以帮助学生更加直观地了解到学习动作的具体形象以及关键要领等,这一方式的主要目的是促使学生对学习的主要内容有更加直接与清晰的认识。这种方式可以有效地运用到新教材或者是动作相对比较复杂的教学过程中。在进行示范时,具体的示范速度与方式一定要依据学生的实际水平以及动作的难易程度来决定,举例说明,对于一些难度系数相对比较大的动作,可以进行相对慢速的动作示范,对动作进行分解与示范,之后再进行完整的示范。

三、健美操教学方法的选择思路

(一)依据教学目的进行选择

健美操教学主要包括健身健美操教学和竞技健美操教学,不同类型健美操教学的目的不一样,因此所选的教学方法也有所区别,分析如下。

健身健美操教学的主要目的是增强学生体质,塑造健康优美的体型,因此选择教学方法时,以有氧方法为主,尽可能全面地锻炼身体各个部位,同时还要采取一些趣味性的方法,达到提高有氧代谢能力、强身健体、愉悦心情的教学目的。

竞技健美操教学的目的是提高学生的健美操竞技能力,达到健、力、美的统一,在健美操比赛中取得好成绩。为实现这一目的,可在竞技健美操教学中采取完整与分解教学法、观摩教学法、赛练结合教学法等。

(二)根据教学内容和对象进行选择

健美操教学中,教学内容与教学对象也会影响教师对教学方法的选择,教师所选的教学方法要能满足教学内容的实施需求,同时满足不同类型学生的需求。

在健美操理论教学中,语言讲解是选择的主要方法,但为了避免单一讲解方法给学生带来枯燥乏味感,教师需结合实际案例进行讲解,以激发学生的听课兴趣,并通过案例辅助教学手段使学生更好地理解教学内容。在健美操运动技能教学中,示范法是主要选择的教学方法,使学生直接感知要学的健美操动作,同时也要采用身体锻炼法培养学生的身体素质,使其体质和运动技能同时得到增强。在运动技能教学中,动作的难易程度也会影响教学方法的选择,如果动作简单易掌握,则以完整教学为主;如果动作复杂难掌握,则以分解教学为主。针对不同的教学内容和对象,所选择的教学方法也应体现出一定的差异性。例如,在进行理论知识教学的过程中,应利用讲授的方法。考虑到单纯口语讲授的乏味性,可以在其中适当地掺杂一些实际案例,辅助学生对知识进行理解掌握。而在运动技能教学中,则不适合采用讲授法,而应采用直接感知的示范教学。

为了提高教学方法选用的针对性,教师可对学生进行分组,针对不同运动基础的学生采用不同层次的教学方法,并鼓励同组学生相互帮助,共同向更高层次努力。

(三)依据教学阶段进行选择

健美操教学中,不同教学阶段的教学目的、教学任务不同,学生在不同阶段的运动水平也不同,因此在不同阶段采取的教学方法应体现差异性,也应符合特定阶段的教学目的、任务、内容,符合学生的实际情况。下面分析三个教学阶段教师对教学方法的选择。

在健美操教学的初始阶段,学生初步学习健美操,运动技能处于泛化阶段,学习动作时还不是很清楚动作路线与方向,而且动作不规范,缺乏自控力,这个阶段适合采取的教学方法有讲解示范结合法、兴趣教学法等。

在提高动作质量阶段,学生完成动作对比之前明显更加自如,提高了动作完成的准确性和协调性,但依然不太熟练动作技能,针对这个阶段的特点,适合采取的教学方法有完整与分解结合教学法、重复练习法等。

在健美操教学的后期,学生对健美操动作技能已经非常熟练,完成动作技能时基本已经达到了自动化水平,可以熟练又优美地展示整个动作,连贯自如,为了使学生将所掌握的技能运用到实战中,这个阶段可采取的教学方法有观摩比赛法、模拟比赛法,同时还可以采用创新教学法来培养学生的创造性。

(四)根据不同层次的学生进行方法选择

多媒体环境下的健美操教学方法克服了过去传统教学模式的弊端,针对不同层次的学生,寻求轻松、活泼、新颖、多样的教学方法,使每名学生都能参与其中、乐在其中,调动学生的积极性,激发他们的学习热情。通过多媒体的使用,能创造比较好的健美操运动情境和情绪体验,开阔学生视野,提高学生自主学习的能力。利用声音、图像、动画等多媒体技术,全方位地剖析重点、化难为易,用新颖的教学方法和手段来帮助学生建立正确的动作概念,让学生更加直观、主动地掌握动作。

通过学生之间相互讨论与合作,有利于培养学生创新思维和能力,教师以平等的姿态参与其中并引导学生学习,使教学方式从被动灌输型转向主动探究型。

四、健美操教学方式的应用

(一)健美操教学方法的组合运用

在现代健美操教学中,因为每个教学方法本身就有局限性,有各种各样的缺陷,所以只采取单一教学方法所起到的作用和达到的效果是不够完美的,难以在最大程度上实现教学目标和提高教学效果。学习不同的教学阶段优秀的健美操教学方法,并加以灵活运用可以产生更好的教学效果。

首先动作学习初始阶段,这一阶段是学生建立正确动作的概念和表象的时期,在完成动作时通常表现为动作不连贯且费力,常有多余动作出现。教师首先通过多媒体进行一次完整的示范演示,让学生直观感受动作的全貌,建立运动表象,这时教师再用简洁精炼的讲解使学生建立正确的动作概念。在纠正错误时,教师可以进行补充示范。待学生动作技能巩固后,再用语言刺激,同时运用持续时间为五到十分钟的多媒体教学让学生对动作有初步的感官了解。

其次在动作强化完成阶段,采用图像法、完整分解法、重复练习法、纠错帮助法、示范法、情境创设法、提问法、合作练习法等教学方法。针对这一教学阶段的特点,注意动作细节与要点,逐步掌握正确动作技术、消除各种错误动作、改善动作协调性、提高动作质量。因此,健美操教师要善于从教学目的、教学内容、教学对象以及教学阶段出发,将适宜的教学方法组合起来加以运用,从而最大限度地实现理想的教学效果。例如,讲解法与示范法组合、完整教学与分解教学组合、游戏法与比赛法组合、技术练习与身体练习组合、重复练习和间歇练习组合等。对不同教学方法的多元化组合运用能够使各种教学方法取长补短,发挥各自的优势,弥补不足。

(二)使用教学方式时所关注的重点

健美操教师在进行动作的讲解过程中,一定要注意保证自己的语言简单明了,同时还要保证动作的方向、路线、速度与变化节奏等处于一种十分清晰的状态中。在进行动作的示范过程中,一定要保持一种比较优美、准确的状态,示范的位置也要处于一种恰当的状态中。

在发挥提示法的作用时,一定要保证语言的简洁与准确,同时,提示语也要充分配合音乐的节奏。同时还要保证学生可以有相对充足的反应时间。而在进行非语言提示之时,保证手势与符号的清晰及有力,善于运用眼神进行情感的表达。

第三节　健美操教学方法创新的思路

一、在健美操教学中引入创新型思维的必要性及作用

健美操是一项融入了舞蹈、音乐、体操的新型体育课程,在教学过程中,不

仅可以让学生得到有效的体育锻炼,还可以培养学生的生活情操与艺术情感,使得学生可以协调、全面地发展,增强身心健康,培养积极健康的生活状态。健美操本身具有高艺术性、强创造性和简单易学等特点,而且不会受到运动场地、天气因素等客观因素的影响,动作丰富、内容新颖且多变的表现形式,很容易就会让学生对它产生浓厚的兴趣。在健美操教学过程中,还可以配上优美和谐的音乐,呈现出符合学生青春向上的气质特点。而且健美操的动作符合个性化教学的特征,非常容易普及,学生可以通过学习健美操来改变身体的姿态,提升自身的气质,陶冶艺术美的情操。健美操的教学音乐可以选择当下学生较为喜爱的流行音乐,教学动作的设计也需要符合现在学生的审美观念,只有把创新思维引入到健美操的教学中来,才能提高健美操课程教学的质量水平。

二、贯彻"以人为本"的教学理念,满足学生的自我发展需求

在健美操教学中,"以人为本"的教学理念提供了重要的导向,在这一核心导向的引领与启发下进行健美操教学方法的创新具有非常重要的意义,这就要求健美操教师及时转变教学观念,树立全新的教育理念,为学生健康成长与全面发展服务,并运用新理念对教学方法的改革创新加以规范。在"以人为本"的教学理念下应该从以下几个方面来进行健美操教学方法的创新。

第一,设计具有启发性的教学方法,引导学生进行自我定位与自我评价,培养学生的自主学习能力,促进学生自我发展价值的实现。

第二,创造激励性教学方法,对于不同学生之间的差异要正确对待,对学习水平较低的学生给予尊重与关心,采用激励教学方式带领学生进步,对学生在学习过程中的良好学习态度和努力付出予以肯定,增强其学习信心,使其学习的积极性更强。

第三,在健美操教学方法的改革与创新中,将教学方法的精准性提高到新的水平,使学生的自我发展需求得到充分满足,并在精准教学方法的实施中提升学生健康的身体素质与心理素质,同时促进学生综合素质的提升。

三、创建轻松活泼的教学环境，激发与调动学生学习健美操的兴趣

应在健美操教学方法的创新与运用中创建轻松的教学环境、营造活泼的教学氛围，使学生感受到学习健美操的趣味，并乐于主动学习。为了达到这一目的，需做好以下几方面的工作。

第一，健美操教师要善于调动课堂气氛，使学生保持愉悦的心情来自主学习和配合教师，使其在良好的状态下对健美操的魅力产生深刻的体会，从而将其学习兴趣和热情调动起来。

第二，要营造轻松欢悦的课堂教学氛围，要充分利用与凸显健美操本身具有的律动性特征这一优势，在充满律动与节奏的健美操教学中能够将所选教学方法的功效最大限度地发挥出来。

第三，在健美操教学方法的创新中提高方法的开放性，将趣味性、兴趣等元素融入新的教学方法中，为营造活泼欢快的课堂氛围提供便利，在欢快、活跃、充满律动的健美操教学中使学生保持长时间的学习兴趣，提高健美操知识素养和运动技能水平，达到良好的教学效果。

四、有机整合多种信息化教学方法

要在现代教学理念下改革与创新健美操教学，促进健美操教学有效性、实效性的提升，进一步提高教学质量，培养学生的健美操运动能力和综合素质，就要充分重视对健美操教学方法的整合、优化与创新，探索科学的整合优化模式以及创新策略，科学设计多元化的信息化教学方法，并在课堂教学中综合运用丰富的现代化教学方法来指导学生学习，切实保障教学效果和教学质量。

例如，在健美操基本姿态教学和乐感训练中适合采用微课教学方法，同时可以将翻转课堂、慕课教学方式融入其中，综合运用这些教学方法提高基本姿态教学效果和乐感训练效果。这几种信息化教学方法的整合运用方式为，先设计与应用微课教学法，再将翻转课堂教学法引入其中，使学生结合微课内容预习所学知识，同时将慕课资源分享给学生，使学生在自主学习时可通过慕课解

决自己的学习问题,及时获得有价值的指导与帮助,最后将自己的学习成果、经验或感想分享到慕课平台上。在整个过程中,教师要把握好教学重难点,帮助学生掌握重难点内容,提升学生学习效率和效果,最终全面提高教与学的双面教学效果。整合运用不同的信息化教学方法还能激发学生的学习兴趣并提高学习的积极性,提高学生对信息化教学方法的理解水平和运用水平,提高其学习效能。

五、促进传统教学与多媒体教学的结合

多媒体教学是现代教学理念下健美操教学方法的重要发展方向之一,在现代健美操教学中应更新思想观念,重视多媒体教学方法的运用,将多媒体教学技术手段充分运用到健美操课堂教学中。在健美操教学中,多媒体技术大都是以教学辅助手段的角色出现的,利用这类辅助性手段可以有效改革传统教学方法,设计出更多新颖的教学方法,从而不断丰富教学方法体系,提高教学的立体性、直观性和趣味性,为教师选用教学方法提供更广泛的空间与更充足的选项。

在健美操教学中,师生的互动非常重要,教师要与学生多沟通交流,但是多媒体教学软件虽然为师生线上沟通交流提供了便利,打破了时空局限,然而却限制了师生的近距离互动,使师生的互动变得有了距离感,这样在一定程度上不利于健美操教师真正了解学生的学习需求和学习情况。所以说,多媒体教学大多数情况下是传统教学方法的辅助性手段。

传统教学方法具有强大的生命力,之所以能够延传至今,是因为其自身的价值、优势与可取性在推动健美操教学发展、提高教学质量方面确实发挥了不可估量的作用,因此必须正确对待传统健美操教学方法,正确处理传统教学方法与多媒体教学法的关系,分析二者各自的利弊,加强整合,发挥各自优势,促进二者相辅相成,共同发挥提高教学效果的功能价值。

六、健美操教学方法创新的具体实施

(一)针对学生的具体特点,创编不同风格和节奏的舞蹈

由于大学生现在正处在个性张扬、青春奔放、求知欲很高的阶段,他们对于新事物充满了热情,模仿能力很强,喜欢特立独行。所以教师要学会利用学生

的这些特点,首先教师要根据平日里对学生的了解,仔细地分析每个学生的个性特征并选择与之相符合的音乐,教师通过学生个性的相似度,把学生分成不同的小组,然后再选定适合他们个性发展的音乐,这样不同的音乐和不同的学生对应的健美操的表演动作就是不一样的。所以通过教师和学生通力合作,编排出适合的学生个人的表演风格和舞步节奏,就能既能具体问题具体分析,又能培养学生的学习积极性和创造性。

(二)优化教学模式,激发学生的学习积极性

在教学的过程中可以采用多种方式。随着科技的发展,多媒体技术成了教学的重要辅助工具,所以教师在教学的过程中,可以将多媒体强大的音频、视频和图形等功能,运用到健美操的教学中,教师可以为学生播放健美操教程的视频和相关的健美操比赛的视频,从视觉、听觉来激发学生的学习积极性,学生还能通过观察创编属于自己的舞步。

(三)用音乐刺激学生的灵感,培养学生自我创新意识

音乐是健美操表演的灵魂,因此音乐的选择对动作的节奏、风格、速度和整体的布局都有很大的影响。在健美操课堂上,教师除了要为学生讲解基本的动作要领之外,还要加强学生对于音乐的认识和感知,因为健美操和音乐是相辅相成的,所以教师通过播放不同的音乐刺激学生的灵感,运用自己的创造性思维,跳出适合自己的舞蹈。

(四)采用规范合理的考核和评分方法

在体育健美操的教学过程中,对于学生的考核要摒弃由于学生先天的因素在学习和创新取得进步时就一律肯定的模式,在新时期,对于学生考核标准应该是学生在学习过程中进步的幅度和努力求知的创新的程度,要鼓励学生形成自我评价和互评的模式,鼓励学生创编新动作,发掘新音乐,注重培养学生对于健美操的全面素质和学习能力。

第四节　创新健美操教学方法设计与应用

一、健美操教学中微课教学方法的设计与应用

(一)微课教学方法的概念与特点

微课教学是指以视频为主要载体,在短时间内集中围绕一个知识点展开教

学、解决问题,最终以视频的形式呈现学习内容的教学方法。微课教学视频是非常重要的学习资源,为学生在线学习提供了很大的方便。

微课教学方法具有以下几个鲜明的特点。

第一,教学时间短、教学内容少。

第二,虽然时间短,但也是一个完整的教学过程。

第三,教学形式灵活,为教师和学生获取教学资源提供了方便。

(二)健美操微课教学方法设计与应用原则

在健美操教学中应用微课教学法应贯彻以下几项原则。

1.清晰简明

一个人保持最佳状态的持续时间是5～10分钟,在最佳状态下注意力最为集中,学习效率最快,而微课教学本身就是短时间的教学,利用这个特征设计与运用健美操微课教学法,要注意在有限时间内简明扼要地呈现教学内容,直击重点,清晰表达,并将文字与图片有机结合起来,以提高视频的美观性,吸引学生的注意力,使学生快速掌握教学内容。

2.突出针对性

因为微课教学本身时间就短,在短时间内不可能完成很多内容的教学,所以必须结合学生情况和教学重难点选取内容量大小适宜的知识点,在教学中围绕这个知识点说明相关问题,使学生学习起来更有针对性,效率更高。

3.适时分解

微课教学短小精悍,时间短,内容也少,但这丝毫不影响教学的整体性与过程的完整性。鉴于微课教学的这些特征,在健美操微课教学设计中要善于适时分解教学内容,如将组合动作分解为若干单个动作,或将成套动作分解为若干组动作,然后重点讲解,为学生课后学习提供便利。

(三)健美操微课教学方法应用设计

1.教学程序设计

在健美操微课教学方法设计中,教学程序设计也就是方法实施过程的设计,在这方面应从三个阶段进行安排,包括课前准备、课中教学与课后安排。教师一般在课前、课后安排学生对微课教学视频的自主学习。课前对微课视频进行制作并及时上传,为课中学习提供资源和工具,学生反复观看视频,总结自己的问题,课中提出问题并获得教师的解答与帮助,教师耐心指导学生,解决学生提出的问题,这样课中教学效率就会大大提高。课后学生复习和预习功课也可以将微课视频利用起来,以巩固所学知识,并为学习新内容做好充分准备。

(1)课前准备

课前准备主要是制作与上传健美操微课教学视频,并在线解答学生的问题。健美操教师在正式上课前几天将微课教学视频制作好,并在微信、微博等相关平台上传,以学生的学习情况为依据对学习任务进行安排,要求学生在课前利用教材和视频资源进行自主学习,并根据视频中的指导来练习健美操技术,将闲暇时间利用起来随时随地学习与练习,为上课做好充分的准备,提高学生的健美操运动能力。课前师生可以利用多媒体平台探讨问题,互动交流,对于学生提出的普遍性和个别性问题,教师要做好整理,以便在课中集中解答,学生课前学习结束后也要注意反思与评价自己的学习成果,正视自己的问题,及时向教师反馈与咨询,而且自身也要不断自觉练习以巩固运动技能。

在健美操微课教学的课前准备阶段,教师制作微课视频是非常关键的一步,视频质量直接影响微课教学的效果。

①建立制作标准

首先建立微课教学视频的设计标准,按照标准进行设计,确定主题,保持与教学内容的一致性。

②选择媒体内容

媒体内容是非常重要的素材,选择素材是微课教学视频制作中最基础的环节,也是非常重要的环节,视频制作能否成功,质量如何,都受到素材选择的影响。选取素材时要以健美操教学目标、学生认知特点及学习需求、学生审美特点等为依据,突出素材的实用性、审美性及其他价值。

③整合媒体内容

制作多个片段视频,从中精心选择满足条件的视频,然后加以合成。

④模块化划分

对教学内容进行模块划分,然后编号,为脚本设计奠定基础。

⑤脚本设计

脚本设计包括编写视频文字稿和制作视频脚本,制作时先进行整体制作,再进行详细制作。

⑥制作微视频

按照教学目标和教学要求制作微视频,最终制作成果要能引起学生的注意,使学生对健美操学习产生兴趣,要成为学生健美操学习中重要的学习资源。

(2)课中设计

课中教学是健美操微课教学方法实施程序的核心环节,在这阶段要以健美操教学进度为依据设计每节健美操课程的教学方案。学生经过课前预习已经做好了充分的学习准备,对教学内容有了比较多的了解,而且部分知识与技能已经掌握,所以在课中主要是检验学生的预习情况,解决学生在预习中的问题,然后剩余时间可以安排新知识的教学或让学生自由练习。

微课教学设计中之所以安排课前预习这个环节,主要是为了提高课中教学的效率,节约课堂时间,从而使学生在课堂上的自主练习时间更多一点,这样有助于教师观察学生并发现问题,及时帮助学生纠正错误动作,同时还能使学生有时间掌握更多的知识与技能,使学生知识面更广,运动能力更强,学习兴趣更高。

健美操微课教学程序中,课中教学阶段一般安排下面几个教学环节。

环节一:教师讲解、示范本节课重难点动作,让学生对所教动作进行直观学习与掌握。

环节二:教师解答学生在线上提出的问题,解答问题时要善于启发学生一起探索问题的答案,共同答疑,使学生对答疑方式和最终答案印象更深刻。如果教学对象健美操学习能力较差,教师在分解示范上花的时间就要多一些,然后再让学生自主思考与练习。

环节三:教师对学生进行分组,各组学生听从安排练习,教师观察指导,在这个过程中要对学生的自主创新能力提出一些要求。

环节四:利用课堂时间进行知识拓展学习,播放精彩的健美操比赛视频,使学生学习健美操竞赛规则。同时还要安排身体素质练习,为学生技能的提高奠定基础。

环节五:教师点评学生的学习成果,指出问题和需要改进的地方,这样学生在课后练习时就更有针对性。

（3）课后反馈

课后反馈环节教师进行教学反思，对教学设计方案予以完善，并制作新的微课视频，为下次课程做准备。

课后学生认真完成教师布置的作业，反复观看微课视频，自觉练习，巩固技能，同时也要与同学展开关于学习经验的分享与交流，取长补短、共同进步。

2.教学资源设计

（1）确定教学目标

首先将健美操微课教学目标确定下来，再据此将学习目标确定下来，然后依据教学目标和学习目标展开后面的设计工作。

（2）确定主题

根据健美操课程教学目标与任务确定微课主题。

（3）分析教学内容

教师认真分析教材和教学内容，充分把握重难点内容和学生容易出现错误的内容。

（4）分析学习资源

支持学生学习的物质条件就是所谓的学习资源，对学习资源的分析与选用直接关系到学生的学习效果。在这一环节要将健美操教学特点和微课教学特点结合起来，对丰富的学习资源进行选择。

（5）分析学习者

对学习者的兴趣爱好、健美操基础运动能力、身体素质进行分析，针对不同层次的学生设计与选用不同的教学资源。

（6）选择学习方法

贯彻因材施教原则，根据对学习者的分析结果设计选用适合不同学生的学习方法。

（7）选取课程内容

根据教学目标将课程内容确定下来，课程内容要满足学生的兴趣爱好，有助于促进学生全面发展。

（8）设计学习过程

微课学习过程较为复杂，因此要设计好每个环节，各环节之间紧密联系，相互影响,教师在学生的学习过程中发挥着重要的引领作用,同时要注意培养学生的自主学习能力。

（9）设计教学评价

微课教学效果是否达到预期目标,这是终结性评价;微课教学过程中学生是否积极学习,这是过程性评价。

（10）教学反馈

微课教学结束后教师认真反思自己的教学行为,并总结学生提出的问题和建议,完善设计方案。

二、健美操教学中三段式任务驱动教学法的设计与应用

（一）三段式任务驱动教学法的阐释

三段式任务驱动教学法是将教学过程分为动态的自主学习、相互协助学习、任务驱动三个教学部分,这三个部分既相互独立,又相互联系,环环相扣,呈递进式,由被动变主动激发学生的学习积极性与创造性,培养学生的自学能力,提高学习效率。其中自主学习强调提高学生的自主学习能力,帮助学生找到合适的学习方法,这个阶段的学习主要解决基础性问题;合作学习阶段以学生的探究为基础,学生之间相互学习,相互沟通,共同达到目标;任务驱动阶段,教师根据学生的学习情况布置任务,引导学生在探索中完成任务,然后再总结学习过程和成果。

（二）健美操三段式任务驱动教学法的应用流程设计

在健美操教学中采用三段式任务驱动教学法,应按如下步骤设计教学过程。

1.提出教学目标

教师制定教学目标时应在课前做好充分准备,深入研究教材内容和课程标准,了解学生特点,制定出可操作性强的具体的教学目标。

2.设计教学任务

教师根据不同学生的特点对任务进行分类,由简到难,由上到下,可在课前先制定一个大任务,再细化成具体的任务,也就是分解成二级甚至三级子任务来逐个完成。教学任务要有趣味性、开放性、操作性、针对性。根据学生学习情

况循序渐进地布置任务,难度逐渐提升。

3.教师指导学生学习

自主学习阶段,让学生了解健美操的基本知识及基本动作技能,有效引导学生积极学习,激发学生兴趣。

协作学习阶段,注重互动学习,以学生为主体相互帮助学习基本动作技能,教师及时纠正学生的错误,尽可能充分地解决学生学习中出现的问题、错误动作和教学难点。

任务驱动阶段,总结学生的学习成果,认真反馈、梳理,布置更高层次的任务,使学生保持良好的自主学习态度及课堂参与程度。

4.学生自主学习

正确引导学生自主学习健美操课程,当学生了解健美操基础知识及基本动作技能后,要设置一些简单的问题让学生自主解决,并让学生利用已学知识进行拓展学习。

5.检验学习效果

对学生的自主学习情况进行检验,根据学生的学习情况开启下一阶段的教学工作。

6.教师纠正

教师作为主要引导者要不断纠正学生的错误动作,提高学生健美操动作技能的规范性。

7.任务驱动

学生基本了解并体验健美操运动技能后,引导学生归纳、总结并了解健美操动作的联系,使学生对健美操知识的掌握达到结构化和系统化,以便于学生理解和记忆。在学生能够运用所学知识与技能后,设计较高层次的应用任务,使学生对健美操知识与技能的掌握及运用达到较高层次。

8.课后总结

检验课堂教学效果,教师和学生都要进行总结评价,评价时指出学生自学存在的疑难问题,并给出解答。

第五章　健美操运动的教学创新

第一节　健美操运动教学的特点和规律

一、健美操运动教学的基本特征和规律

健美操运动教学课除具备健康体育教学的共同特点（如在思维活动的参与下有机体直接参加运动、掌握运动技术和技能、提高和反复练习的教学过程等）外，它还有其独特的教学特点。

健美操运动教学主要是通过徒手或举起重物的力量练习方式，使全身各部位肌肉群都能得到训练，达到最有效的发达肌肉、塑造健美操体形体态的目的。如果说在田径课中，衡量学生技术成绩是以速度、远度或高度为标准，在体操课中以掌握所学动作的质量为标准，举重课是以举起重量的多少为标准的话，那么，健美操运动课的教学效果最终评定却是以自身肌肉均匀发达的程度为标准。如果说其他运动项目通过力量练习使肌力增强是目的的话，那么健美操运动通过力量练习，使肌肉发达才是目的。比如说举重运动员与健美操运动员的肌肉都很发达，这是因为力量与肌肉是不可分割的。但是举重运动员的体形不同于健美操运动员，举重运动员因为需举起很大的重量，躯干力量很重要，所以腰部肌肉很发达，而健美操运动员却要求细腰阔背，这种体形是竞技健美操比赛的需要。因此，健美操运动教学就是要千方百计地采取最有效的手段促使各部位肌肉发达，达到修塑体形的目的。

由于健美操运动的需要，在健美操课中所采取的每一种练习方式，都必须具有明确的针对性和实效性。因此要求教师和学生要有较扎实的人体解剖学、运动解剖学、运动生理学、运动生物力学和运动生物化学等基础理论知识。尤其是对每组肌群的结构、机能以及每种练习、每个动作所动用的主动肌、被动肌

等都要做到心中有数,这样才能有目的、有针对性地进行各部位肌肉群的修塑。

在健美操运动教学中,教师准确地示范动作对提高教学质量无疑会产生良好的影响,这是因为健美操运动教学的动作技术并不是十分复杂,技术性不强,但是每一个练习必须要求主动肌独立完成作业,而且还要排除其他部位肌肉力量的助力。例如在做反握弯举动作时,主要靠肱二头肌群的力量做动作,躯干肌不能有任何代偿性工作,这样才能达到发展肱二头肌群的效果。因此,健美操课中要特别强调从严要求,按正确的动作要领去做。此外,由于健美操运动是一项具有表演性质的竞赛项目,尤其是女子运动员,更要求具有健美操的体态与丰富的表现力,因此教师在教学中准确而优美的动作造型,与健美操讲解的协调配合等都是健美操运动教学中的重要组成部分。

肌肉力量训练要求在选用适宜负荷的前提下,必须坚持练到极限次数为止,因此教学中要重点培养学生坚韧不拔、刻苦顽强和自觉训练的精神,否则便会出现练而无效或半途而废的后果。

采用健美操伴奏教学,不仅是竞技健美操比赛训练的需要,还是出于通过健美操进课堂,可以活跃课堂气氛,激发意志,提高兴奋性,克服练习中单调枯燥的感觉,无形中增加了每组练习的极限次数,大大提高练习效果。久而久之,通过健美操运动教学可培养学生的节奏感、乐感和表现力。每一门学科都有其自身的教育理论和教学规律,因而形成了各自不同的学科特点。健美操运动是体育学科中比较重要的一个研究方向,与其他学科一样,具有教育的共性,但是健美操运动具有的个性更加明显。任何健美操运动上的技术,都是一种表现手段,是为一定内容所服务的。健美操教育则是以健美操运动为内容的一种教育实践活动,是人类自身身体建设、精神文明建设和健美操实践的过程,健美操运动也是一门理论与实践紧密结合的学科。

健美操运动教学的社会性。健美操运动是表现人体外形健、力、美的体育运动项目,是反映社会自然的一种身体造型艺术。由于健美操的骨骼肌肉生长在每一个人的身上,正常人都具有追求健康与爱"美"的天性,而健美操运动又因为有丰富的内涵而比其他运动形式更能够被人们深刻地理解,从而容易形成广泛的社会性。就如同一首优秀的歌曲或一位优秀的歌手,相对其他声乐作品和演奏家来说,更容易家喻户晓一样,因为它们形成了人们广泛理解和接受的社会性。健美操运动教学是以培养和训练学生掌握健美操运动技能技巧、培养人在身体建设过程中的创造能力、陶冶人的高尚情操为目的的教育活动。健美操运动教学根据社会发展的需要,除培养专门的健美操运动家和健美操教育人才外,它的教育对象还遍及社会的各个层次。因而健美操运动教学具有广泛的基础,同时这个特性又赋予了它特殊的教育使命,尤其是随着社会经济的发展和人们物质生活水平的不断提高,人们对身体建设和精神文明质量的提升、健美操素质的培养,以及对健美操教育的内容和形式,都有了更新和更高的要求。除满足专业院校的健美操运动教学数量上的日益增长和质量上的不断提高的需求外,社会健美操运动教育出现了前所未有的发展势头,大众性的健美操运动遍及社会各阶层,这也都为健美操运动教学提供了广泛的社会基础。健美操运动教学的社会性不仅促使人们审美能力的提高,而且还丰富和充实了人们的精神生活。从这个意义上看,各类高等体育院校的健美操运动教学更显示出它的重要性,因为高等体育院校的毕业生将面向广大的中小学校和社会上的健身房等健美操组织,他们所掌握的知识和教学方法会直接影响到最基础的健美操教育。

在我国高等体育院校的专业中,健美操运动被规定为主干课程或专业必修课程,显示了高等体育院校体育专业的健美操运动教学在培养基础健美操教育的合格师资中的重要地位和作用。高等院校体育专业的健美操运动教学,主要培养学生掌握健美操的基本技能、基本理论和基本教学方法,能分析、理解和表现健美操运动体系,懂得人体健美操训练的基本知识与方法,具有从事各类学校健美操运动指导和教学的能力。虽然高等体育师范学校健美操教育专业的教学对象主要是未来的中小学健美操教师,并服务于基础健美操教育,与高等体育院校专业健美操教育培养的健美操运动教师、教练员和健美操运动员等专门人才的培养目标有着不同之处。但是,就健美操运动教学的规律来讲,高等体育师范学校的健美操运动教学与体育院校的专业健美操运动教学在本质上是没有区别的,只是在教学对象的健美操运动条件、健美操运动素质和教学形式上以及培养目标上有所不同,在教学目的方面,师范院校的教学应该着重考虑到让学生掌握更多"教"的能力。

专业健美操教育和师范健美操教育的健美操运动教学功能和作用区别在

于,如果说专业健美操教育培养的健美操运动人才将是走向竞技健美操世界的话,那么师范健美操教育专业培养的健美操人才则是由两个方面构成:首先是面向全社会的健美操教育人才,以提高国民健美操素质为本职,服务人类身体建设为己任;同时也为专业健美操教育培养充足的后备力量,在可能的条件下,也培养出可以与专业体育院校人才同等水平的优秀健美操人才。

二、健美操运动教学的个性特征和规律

每一门学科都因自身教学内容、教学方式和教学效果的需要,在长期的教学过程中形成了与其他学科不同的教学特点、教学规律和自身的教学体系。长期以来,健美操运动教学主要以集体课形式,根据不同体形和特点、不同的体能素质和修养的教学对象,进行不同的健美操技能与技巧的训练以及人类身体建设创造力和表现力的培养,从而形成了健美操运动教学的个性特征和基本规律。

(一)针对性

既然健美操运动教学是根据不同教学对象而进行的教学技能训练和身体建设创造力的培养,那么,教学对象在骨骼肌肉条件、思想素质、生理素质、体能素质、心理素质和文化素质上的差异,就决定了健美操运动教学过程中针对性的重要作用。

教学过程中的针对性,就是教师根据不同条件和素质的教学对象,而采用的教学内容,并实施的行之有效的教学方法和教学手段。也可以说是健美操教师根据教学对象的实际情况,而进行的一种有的放矢的教学措施。健美操运动教学的针对性,主要表现为两个方面:一方面是针对教学对象在健美操动作技术和健美操训练技能技巧上存在的问题和不足,而采用的有效措施,这些措施并不是千篇一律的,而是因人而异、因地制宜的。另一方面要针对教学对象的体形特点、健美操训练技巧和健美操表演竞赛能力,采取更有利于健美操运动技巧发展和表演竞赛能力提高的教学对策或教学方案,要努力为学生创造良好的学习条件,使他们的健美操运动才能得到进一步的发展和发挥。有道是殊途同归,就是这个道理。

（二）反复性

任何一门学科,在培养学生掌握知识与技能的过程中,都存在着不断反复出现的必然现象和不断调整巩固的必然过程。由于健美操运动是一门技术性和实践性都很强的学科,学生在掌握和巩固健美操运动技能的训练中,所学知识与技能的反复现象,就表现得尤为突出。

健美操运动教学的反复性,表现为健美操概念上的反复现象和健美操训练效能的反复现象两个方面。健美操概念上的反复,是因为健美操运动学科的知识和技能的特殊传授方式所致,同时又是教学对象心理、生理因素和思维方式的差异所致。传统的健美操运动教学方式中,健美操运动知识与技能的传授,大都根据健美操教师的经验,把自己拥有的健美操的感受和体验、健美操的方法和技能,通过形象生动的示范、用比喻或语言的方法传授给学生,学生按照教师的启发来获得与教师相同的健美操感觉和训练效果,并通过不断地重复练习来巩固这种健美操概念并提升训练效果。由于目前健美操运动不像其他学科那样,具有自身的定义、公式、标准以及直观的物质反映规律等,使这门被称为"只能意会,不能言传"或"看不见、摸不着"的学科的知识与技能的传授,大都在教师们和学生们各种各样的感受、体验交流中进行。譬如肌肉"顶峰收缩"、肌肉"混淆训练"或"意念训练"等动作技术的要求与方法的概念,都比较抽象空洞,大多凭借教师的教学实践经验来进行学习。但是仅仅凭教师在教学中养成的教学用语习惯,往往无法标准化和规范化教学过程,学生在教学中对健美操动作、训练方法的概念、理解和感觉会反复无常并且差距很大,难以比照相应的动作、训练方法。其次,学生体形、肌肉等解剖生理、心理上的差异,以及情绪上的变化,都可能对健美操动作、训练方法概念的理解和感受产生影响。

任何技能的掌握,都需要一个不断反复、不断巩固的过程。健美操的体形的塑造,不仅来自正确概念的指导,而且必须依靠不断反复、持久而有效的练习,养成良好的骨骼肌肉运动习惯和思维习惯,从中获得正确的健美操训练效果、以巩固健美操概念,是培养学生掌握健美操运动技能的重要途径。因此,基础健美操动作技能训练,是健美操运动的技术先决条件和重要的保证。健美操训练中的肌肉收缩运动、意念的控制、呼吸的配合作用等技术手段,都是通过人体各部位的具体动作来执行的。然而,一个正确有效的健美操动作,需要付出辛勤的劳动或千百次的不断反复练习,才能掌握完整准确的技术动作,并在此基础上表现得更美更自如。我们不论进行任何一项身体运动,机体本身还必须有一段改变原来习惯的时间,必然有这么一个过程。打个简单的比方,我们试图改用左手写字,尽管明白字是怎么写的,但是开始的时候肯定是不会写的,至少写得很糟糕,一定要经过一个相应的习惯阶段,才能够养成新的习惯,相对熟练地掌握左手写字的方式。所以尽管我们可以将健美操运动的相关技能知识给学生讲得十分清楚,并且学生的健美操运动概念已经理解正确,但由于健美操运动是一项肌体与精神紧密结合的学问,学生必然还需要产生多次的训练,同时必然会受到原有习惯的干扰,不太可能像健美操史、健美操解剖理论之类的知识性学科,看懂了就容易记住。健美操学习中听懂了教师的意思,并不能马上做到,反复性是正常现象。健美操学科的专业特点决定了掌握健美操专业技术过程中的反复性和持久性。

总之,健美操运动教学中的反复性,是健美操运动技能训练过程中的客观现象,是健美操运动教学规律的必然反映。然而,健美操运动教学的合作性,则是主观或人为的现象,是通过师生双方的努力可以得到改变的。

(三)实践性

健美操运动,尤其是竞技健美操运动属于竞赛性表演艺术,是一门实践性重于理论性的学科。健美操运动技能技巧的训练和健美操竞赛性表演实践,是健美操运动教学的组成部分。因此,健美操运动教学的实践性,可以从健美操运动技能技巧训练和健美操竞赛性表演实践两个方面来进行理解。

健美操运动教学中,学生健美操运动基本技能的掌握,是教师根据健美操学科教学内容或健美操运动技术要求的需要,指导学生进行的不断反复和不断巩固的技术训练。技能训练的主体是学生,学生根据教师的技术要求,在不断实践和应用中,逐步加深对健美操动作、方法概念的认识和理解,逐步巩固健美操训练技能的基本动作和方法。因此,健美操运动技能技巧的训练和掌握过程本身就是一个实践和应用的过程,是一个通过实践才能完成教学内容、达到教学效果的过程。通过实践才能真正了解学生的学习情况,才能发现技能训练中存在的不足或问题,才能及时地修正和调整技能训练的内容和方法,使学生的健美操运动技术不断地得以巩固和完善。

健美操运动竞赛性表演实践,是巩固学生所学知识和技能,发展学生健美操艺术创造能力,培养学生健美操竞赛心理的主要渠道,也是反映教学效果,体现健美操运动教学质量的主要依据。健美操运动竞赛性表演实践中,健美操竞赛表演的场地、环境、气氛等外部条件的变化,都能引起健美操运动员心理状态的变化。健美操竞技状态、心态的稳定与否,往往是健美操运动员成败的重要前提。有的学生由于不具备良好的健美操竞赛心态,一上台就无所适从,不知所措。因此,较为有效的途径就是创造条件,使学生多参与健美操运动竞赛性表演实践,巩固和发展课堂上所掌握的健美操运动竞赛知识与技能,丰富和提高学生的健美操运动竞赛表演的艺术表现力和创造力,建立稳定健康的健美操竞赛表演心态。

(四)合作性

健美操运动教学是教师和学生共同参与的融技术性和艺术性于一体的课程,也是共同造就健美操运动艺术表现能力的双边活动。健美操运动教学中,教师是教学的主导因素,无疑在健美操运动教学中起到传授"知识源"的作用。而学生是教学的主体,是接受健美操运动知识与技能、创造和表现健美操运动艺术的主体。教学的双方在这个过程中都具有不同的作用。一方面教师在教学中充分调动学生的学习热情和积极性,指导学生接受正确、规范、科学的健美操运动技能训练和掌握健美操运动技术;另一方面,学生要努力领会教师的教学意图,并按教师的健美操运动技术要求大胆地进行实践和尝试,使教师在健美操运动技术上和技能上的要求在自己身上得以实现。因此,教学双方的合作和信任,成为教学的先决条件。健美操运动教学中教师与学生的合作性与其他的学科相比,显得尤为重要和突出。如果教学双方或某一方背离了合作的原则,教学活动的性质就有所改变,使教学演变成了纯粹的徒劳和应付。

健美操运动教学中的合作性,是建立在正确的教学思想、明确的教学观点、合理的教学要求基础上的,是教师与学生双边知识的往返交流、传授经验的过程。在健美操运动教学中,健美操运动技能的掌握,需要长时间坚持不懈地反复练习,才能实现。但长时间的反复练习,往往容易使学生感到枯燥,缺乏趣味,从而产生腻厌心理,或形成一种对教师提出的要求习以为常的状态,甚至产生怀疑教学训练方法、怕健美操训练等不良心态,导致学生在健美操技能训练中,产生找不到感觉、提不起精神、失去信心等不利于学习的现象。如果教学双方缺乏建立在正确健美操教育思想基础上的信任和配合,不能及时地沟通和理解,将很难解除学生思想上的顾虑,端正学生的学习态度。因此,教师要及时使学生认识健美操运动教学的特点和规律,从思想和行动上与学生真正地合作起来。

健美操运动教学的合作过程中,教师还要了解学生的思想状况、思维方式、身心素质、生活方式等方面的情况。在明确教学要求,严格进行健美操技能训练的前提下,与学生建立良好的师生关系,正确引导学生积极努力地掌握健美操运动知识与技能。健美操运动教学中教师、学生双方合作性的加强,使上述反复性产生的可能性就相应减少,就有可能最大限度地发挥师生双方的积极性。健美操运动教学无数成功和失败的事例,都充分说明了这个道理。

第二节　高校健美操运动教学的原则

现代健美操运动教学作为特殊的、专门组织的、有明确目标的一种教育过程,它的活动就具备与其他教育过程活动不同的特点。健美操运动教学的特殊原则是来源于对健美操运动教与学规律的认识,是客观规律的客观反映,是通过人们对健美操运动教与学实践经验的总结,每条原则都有针对性,它们共同指导着健美操运动教学过程,并对健美操运动教学过程起着调节和控制作用。因此,用健美操运动教与学的实践揭示了健美操运动过程的客观规律,指导了健美操运动教学理论与训练实践。要完成教学与训练任务,就必须自觉、熟练地遵循和贯彻以下原则。

一、准备性原则

这条原则反映了健美操运动教学过程对教学准备和教学条件依存性规律的要求。健美操运动的教学过程中教学效果的好坏与教师和学生对教学的准备状态及客观提供的条件有密切关系。

健美操运动教学准备一般分为开课前准备和上课前准备。包括教师对学生的了解,对教学大纲、教材、教法的准备,对场地器材、教具、卫生条件的检查,以及对学生的心理和物质的准备等。教师首先要有意识地了解学生的实际情况，通过交谈和问卷调查的形式，从性别、年龄、身体状况、工作及家庭情况、学习动机等方面进行调查，通过对学生学习机能、素质及健美操运动基础、体能的测试，可以获得较全面的实际情况，为更好地实施教学活动提供客观依据。同时做好学生的心理准备工作，在开课前或第一堂课中，教师应对学生进行学习目的的教育，明确教学的目的任务及应达到的要求，使学生初步了解健美操运动项目的特点和训练的价值，了解教学的组织形式与要求，增强学生学习的信心和克服困难的勇气。

在教学大纲准备好的前提下，制订教学计划和安排教学进度，课前认真备课，提前到场进行场地器材的准备和卫生、安全的检查工作。

二、系统性原则

系统性原则主要体现在学习内容和学习与训练的过程中。一名优秀的健美操运动员，从他开始接受健美操运动训练，到他成为优秀的健美操运动员，他学习的每一部分技术和方法以及学习中积累的经验，都是一步一步地、系统地形成的。这就要求教师在教学时，根据学生的具体情况，结合所学内容，系统而有计划地安排好不同学生、不同时期、不同目的的学习。教法上可采用多种形式的教学手段，利用多种辅助学习和练习方法，系统、有序地进行健美操运动教学。在教动作技术的同时，也要相应地根据所学动作技术，进行理论教学，使理论和技术同样体现出系统性。这样，学生就会系统地掌握技术和理论，为学好、练好健美操运动的动作技术和方法、提高健美操运动成绩打好坚实可靠的基础。

三、科学性原则

科学性原则是以健美操运动教学的社会规范性与学生身心发展相适应和健美操运动教学的教养性、发展性、教育性统一规律为依据的。它主要是指导选择和安排健美操运动的教学内容及教材的质量、分量、难度、运动负荷的大小。注重内容和方法的科学性、运动负荷的适量性，使学生既健美身心，又掌握健美操运动知识、技能和方法。

可见,循序渐进是提高健美操运动教学和训练质量的关键。人的认识规律是由简到繁、由浅入深、由未知到已知,条件反射由简单到复杂、由低级到高级逐步地形成。同样,人体各器官机能的改善,肌肉的发达及竞赛技术动作的形成都要经过一个逐步提高的过程。如以发展肌肉为目的的基本动作到孤立动作或专门动作,以及采用分部位教学与训练这一过程,只有循序渐进地进行教学和训练,才能收到良好效果,否则只能是欲速则不达,适得其反。

健美操运动的技术教学和训练是多种多样的,在教授学生时,要根据学生的具体情况和目的的需要,由简单易学和基础性的基本动作技术开始,逐渐向综合和高难度过渡,使学生能够在由浅入深、从简到繁、由易到难的循序渐进的学习过程中,逐步学习掌握和理解运用所学的健美操运动的技术和方法。

四、因材施教原则

学生的个体差异和具体情况是不尽相同的,针对不同的学生,就要利用不同的方法进行教学,在处理好集中教学和区别对待的关系上,利用因材施教的原则,完成好教学任务。对身体条件好、接受能力强、自觉主动性高的学生,应增加教学内容和提高练习要求,而对于身体条件不理想、接受能力较差的学生,就要安排较简单、较容易掌握的技术,给他们逐步增加学习内容和加强个别辅导,最终同样实现良好的教学效果。

对于不同特点的学生,如体形条件好、体能好的学生,就要根据他们的特长进行专门教学,使他们能够在全面发展的前提下,重点发展其各自的优势特长,形成学生自己的特点和优势技能,为提高健美操运动成绩进行有目的的教学和训练。

区别对待是现代健美操运动教学和训练的特点。由于学生之间存在着各种差异,如在性别、年龄、体质、素质、体形特点及思想意志品质等方面的种种不同,为了在教学和训练中发挥学生的最大潜力,取得良好效果,必须对不同学生的特点进行认真的分析研究,才能"对症下药",在体能和动作技术教学与训练中扬长避短,并落实到教学和训练计划中去,使条件较好的学生发展不受限制,条件不是较理想的学生能够通过刻苦学习和训练,克服不足,充分挖掘他们的潜力,且通过刻苦学习训练,达到一定的健美操运动水平。因此,要求教师在制订计划时,要抓住学生的特点,区别对待,加以培养。

五、合理运动负荷原则

运动量是指人体在身体练习或专项练习中所能承受的生理负荷量,科学地进行大运动量训练则是指在一定的范围内,接近人体所能承受的最大生理负荷量的训练。在具体的贯彻执行中,不仅仅表现于一堂健美操运动教学和训练课中,而是要贯彻在多年和全年的健美操运动教学与训练计划中。安排运动量要有节奏,大、中、小运动量相结合。"量"是健美操运动的基础,"强度"是提高健美操运动能力的关键。此外,针对不同的训练对象要区别对待,循序渐进,逐步加大运动量的大小。运动量过小对肌肉刺激不深,引起人体反应不大,会使肌肉发达缓慢。反之,运动量太大,超过机体所承受的最大生理负荷量,则容易引起肌肉的过度疲劳,这不但不能有效地发达肌肉,而且易使肌肉急性拉伤。运动量的大小都是相对的,只能从学生的实际出发,考虑他们的学习能力、训练水平、个人的体质、年龄特点、体形特点、体能特点、伤病情况、学生的意志品质和思想精神状态以及各种具体条件(主要指营养与恢复),逐步适应,逐步提高,逐步加大运动量,波浪式地前进。在健美操运动教学中应强调在保证动作质量的前提下,合理地安排运动负荷。

六、巩固和提高相结合原则

学习的过程,既是学习掌握新的动作技术、方法的过程,同时也应是复习提高所学知识、技术和技能的过程。即使是最简单的俯卧撑动作,如果不进行反复练习,就不能在学习和训练中很好地运用出来,发挥其效能。巩固与提高相结合原则,是根据认识规律和运动技能形成规律总结出来的,是学生学习知识、掌握技能的重要环节。掌握和巩固所学动作技术与方法也是学生学习新的动作技术与方法、顺利进行学习的基础,是学生熟练地运用所学动作技术和方法的基本条件。所以说,巩固和提高相结合,是学生丰富学习内容必不可少的原则。只有在充分理解和掌握所学动作技术、方法的基础上,进行新的动作技术和方法的学习,及时把获得的知识与技能在各种不同条件下运用,才能达到"学以致用"的目的。

七、教师主导作用和学生主动性相结合原则

健美操运动的教学过程,实质上就是教师教和学生互相学习的过程,教和学是两个相互统一的整体,只有充分发挥学生和教师双方的积极性,才能圆满完成教学任务。而教师与学生积极性的发挥,既是相互独立的,又是相互依存、相互影响和相互促进的。在实施教学过程中,教师的教起着主导作用,学生的自觉积极性是在教师的指导、传授、调节和控制下发挥出来的,一旦学生有了学习的自觉积极性,就能主动自我调节,并与教师的调节和控制协调一致,从而认真主动地进行学习和训练。

教师在健美操运动教学的过程中,应充分发挥其自身的积极性和创造性,根据自己对健美操运动的理解和亲身体验,结合科学的教学方法,使学生尽快地掌握健美操运动的基本知识和技能。在健美操运动的教学过程中,教师的主导作用首先体现在教师必须有为人师表、以身作则、作风严谨、亲切耐心的教学态度和作风,有丰富的专业知识和技术水平,并能进行准确优美的动作示范,具有一定教学手段和组织能力去引导和教育学生,同时要不断吸收新的知识,丰富和更新自己的知识,并运用在健美操运动教学中。其次在实施教学过程中,要善于做学生的思想工作,掌握学生的心理、生理特点和思想状态,在练习内容、教学手段、教学组织、示范和语言表达等方面应以培养学生的兴趣爱好为出发点,严格要求和积极鼓励相结合,做到客观、准确、实事求是地评定学生的表现和成绩。把教养、发展、教育紧密结合起来,使学生认识到掌握健美操运动和发展身心的关系,树立终身健美操运动训练的观念,培养学生对健美操运动的兴趣,指导启发学生对体形美、姿态美、肌肉美、动作美、音乐美等进行感知与认识,不断培养学生的创造力和自我表现力,发展学生自我个性和潜力,提高学生自信心和自觉主动积极的学习态度。只有在充分发挥教师和学生双方积极性的情况下,才能完成好健美操运动的教学任务。

八、直观性、启发性、练习性相结合原则

这条原则是以教学与学生身心发展相适应,教学与学生认识规律和掌握动作技能规律相适应,以教学方法依附于教学任务和内容等规律为依据。在健美

操运动教学中,教师的示范动作是主要的直观教学手段,要求教师动作示范准确、优美、规范、有表现力。这对学生建立、了解和掌握正确的动作形象至关重要。在学习和练习动作的过程中,教师要不断进行动作示范,同时结合多媒体教学,通过观摩技术教学片,使学生对动作技术有更深刻的形象感性认识,更加有利于对动作的掌握和技术的提高。此外,教师生动形象地讲解,对技术进行分析,使学生明确技术要领及动作要求,在课堂中要积极启发学生进行思考,培养学生的独立思考的能力,发挥学生的想象力和创造力,要求学生善于观察,用心听讲,能对动作正确与错误进行比较分析,建立正确的技术动作。使感性认识上升到理性认识,从而举一反三灵活运用。

在健美操运动教学中采用的一个很重要的教学方法就是反复练习,通过不断地巩固和提高练习,促使大脑皮层建立牢固的动力定型,达到运用自如。要求精讲多练,但要防止单一重复练习使学生产生厌烦情绪。

九、身体全面发展和专项技术相结合原则

身体全面发展与健美操专项技术密切联系与结合,是现代健美操运动教学和训练的主要特点。要想使学生的身体形态和机能协调、匀称、全身各部位肌肉都应得到发展。除采用多种多样的教学方式与方法外,还应进行全面的体能训练(力量、耐力、速度、灵敏、柔韧等)。从总体来说,身体全面发展对打好专项技术基础,弥补专项技术的不足,可以起到促进作用。如健美操运动员在竞赛舞台表演时的动作完成过程中,有些运动员能很好利用肌肉控制完成动作,给人一种稳健、矫健的姿态;而有些运动员则给人一种举足不定、躯干晃动的不稳定的急躁感觉。造成这种差异的原因,主要是平时学习和训练中忽视力量、耐力、协调等体能素质的训练所致。因此,教师和教练员在制定教学与训练方案时应考虑进行专项体能素质训练的同时应与身体全面发展结合起来,只有这样才能收到良好的效果。

十、全面训练与分部位训练相结合原则

要使全身各部位肌肉群高度发达,就必须进行全面训练与分部位训练相结合的训练方式。前者是基础,后者是提高,两者有机结合起来,是创造优异成绩

的关键所在。对于一名刚开始从事健美操训练的学生,应着重以全面训练为主,使身体各部位肌肉群全面发展,塑造一个协调、对称的体形,为今后进一步强化训练创造条件。所以,要求学生在基本训练阶段中,应注意全面发展,决不能凭个人的爱好或需求出发,偏向某局部肌肉群练习。部分训练需经过一年全面训练后方能开始实施。随着肌肉群不断增大,必须逐步提高训练负荷强度和动作的变化。在一次健美操运动教学或训练课中不能把全身各部位肌肉群都训练到位,只有把全身各部位肌肉群分成几部分(一般是两、三部分),每次训练课只练两部分,逐次轮换进行。这种训练方法从人体生理承受负荷原理看,可以使某些肌肉群得到超负荷训练,并保证另一些肌肉群得到充分休息,来达到补偿的效果,以及加强局部肌肉群的运动量与加强肌肉的刺激深度,从而取得理想的训练效果,实现将全面训练与分部位训练科学性地统一起来。全面训练在掌握发展肌肉群的动作基础上,有利于提高身体机能和体格的全面发展。为今后的分部位训练打下扎实的身体素质和专门素质基础,使之朝健美操运动专项化方向发展。

健美操运动的各项教学原则是密切联系、相互制约的,是在健美操运动教学过程中实现统一的。只有全面地贯彻这些原则,才能获得良好的教学效果。但健美操运动教学原则也不是固定不变的,它必然随着人们认识水平的不断提高和教学方法的日益改进而逐渐完善,在不断总结经验的基础上逐步充实和发展的。

第三节　高校健美操运动教学的模式与格局

一、健美操运动教学模式

健美操运动教学的模式,在这里是指健美操运动教学课的形式与健美操运动教学课的授课方式。

(一)健美操运动教学课的形式

根据各类学校健美操运动教学课所要解决的具体任务,可分为"引导课""新授课""复习课"和"考核课"。

1.引导课

引导课一般是指开课的第一节课。主要任务是讲授健美操运动的特点和健美操的价值及相关的基本知识,以及健美操运动的教学任务、内容、要求及考核标准等,使学生明确学习目的和要求,端正学习态度,积极主动地投入健美操运动的学习和训练中。

2.新授课

新授课一般是指以学习新教材为主的课。主要任务是使学生学习和初步掌握健美操运动的基本动作和教学程序。

3.复习课

复习课一般是指以复习已学过教材为主的课。主要任务是在教师的指导下,反复练习已学过的每一个动作。并根据学生掌握动作的情况提出明确具体的要求。要注意精讲多练,加大练习的频率,使运动负荷大于新授课。

4.考核课

考核课分为理论知识和实践技能考核两部分。考核课是检查学生掌握和运用健美操运动理论知识的能力、完成健美操动作的质量、全身各部位肌肉群的增长程度与体形体态变化效果的课。主要任务是依据考核标准进行集体或逐个学生的考核(教师课前要准备好考核成绩登记表,将考核顺序写在登记表上,然后按顺序点名考核)。

(二)健美操运动教学课的授课方式

一般来说有三种:个别课、小组课、集体课;也可采取个别课与小组课、小组课与集体课等相结合的方式。

1.个别课

个别课即小课,由一个教师给一个学生授课的教学模式。这种一对一的授课方式,要求教师对所授课的每个学生,都要有各自的教学计划和教材(练习项目与教学方法),从而在教学中体现每个学生的个性特点。因此,个别课教学的针对性强,因材施教的特点明显。

健美操个别课教学主要侧重于学生专业技能的培养,教会学生如何运用科学的健美操方法与技巧独自进行健美操训练。

2.小组课

小组课即中课,由一个教师给一组学生授课的教学模式。可将学生按体形、体能、年龄、性别、程度等特点分组进行授课,教学动作、内容也可分为全组"必练项目"和个人"自选项目"两套教材。在教学中,既要解决学生的共性问题,又要解决学生的个性问题。在小组课中学生可以相互学习、相互交流、相互激励,取他人之长,补个人之短,同时也可观摩教师的健美操运动教学方法,了解不同体形、不同程度的教学特点,广泛地接触和熟悉更多的健美操运动教学方法、训练手段和健美操项目。

健美操小组课教学侧重于学生教学能力的培养,既教会学生如何通过健美操练"块",又使学生学会如何教别人通过健美操练"块"。

3.集体课

集体课即"传统"的大课,由一个教师给一个班级的学生授课的教学模式。这种集体课的教学方式,可以进行集体健美操运动教学、训练,也可采取集体课与小组课或个别课相结合的教学方式,如集体学习,分组练习,个别纠正或集体练习,个别抽查练习或示范,学生讨论,教师点评等方式方法。也可以进行健美操欣赏与观摩、健美操专题讲座等。

健美操集体课教学的重点是学生健美操理论知识的学习与健美操动作造型、健美操竞赛表演的赏析。通过向学生全面、系统地讲授健美操理论知识与教学法,使学生走上工作岗位后,能运用系统、科学的健美操理论知识,指导自己的健美操运动教学、健美操服务实践,提高自己的健美操理论水平和健美操实践能力,较好地开展健美操运动教学、健美操服务活动。

以上三种教学模式,在性质不同的院校应有不同的选择和侧重,例如在培养专业健美操教师、健美操教练员人才的高等体育运动院校,主要采用个别课的授课方式;在普通高等院校、中师、幼师等公共课一般都以集体课为主;在高等体育院校的社会体育专业健美操运动课程的必修课教学中,采取个别课、小组课、集体课三位一体、相互补充的教学模式,与社会健美操人才市场接轨,打破单一的集体课教学模式,建立健美操课程教学的多元化体系。目前我国各类学校健美操运动教学既要发展学生健美操专业技能,又要重视健美操基础理论知识的掌握、实际教学能力和健美操服务技巧的培养。

二、健美操运动教学格局

在健美操运动教学中,不论采取哪一种教学模式,在课堂教学中,都要处理好以下几个方面的关系。

第一,要把健美操技能技巧的训练与健美操理论知识的讲授有机地结合起来。在提高学生健美操技能技巧的同时,要加强学生对健美操理论知识的学习,克服学生"重技轻理"的思想倾向。通过健美操理论知识全面、系统地讲授,即在个别课和小组课上应有的放矢地精讲多练,在集体课上有步骤、分章节地讲授,使学生既能建立正确的健美操概念框架,又能在正确理论的指导下进行科学的训练,更好地掌握正确的健美操方法。从而在教学中形成技术训练与理论知识有机结合、相辅相成的教学格局。

第二,要把健美操动作的训练与健美操项目的学习有机地结合起来,在提高学生掌握健美操动作训练能力的同时,要加强学生对健美操项目学习的实践能力。根据不同年级、不同程度的学生和不同的授课方式,合理地安排健美操动作练习与健美操项目训练的时间比例,要以基本动作练习和孤立动作练习为手段,掌握正确健美操动作训练的基本方法,为提升健美操训练等级打下扎实的基本功,并把它运用于健美操训练的实践之中,提高学生的健美操实践能力与训练水平。从而在教学中形成动作练习与健美操训练有机结合、相辅相成的教学格局。

第三,要把健美操动作训练与视觉观察训练有机地结合起来。在提高学生健美操训练实践能力的同时,要加强学生的甄别能力。教师要引导学生不但要用肢体练习,还要用脑子思考,用眼睛观察,分析、甄别练习动作的正误与训练效果的优劣,只有学生具备了分析问题的头脑和甄别练习动作正误的"火眼金睛",才能改变自己的训练行为,提高自己的健美操训练水平。从而在教学中形成健美操动作训练与视觉观察训练有机结合、相辅相成的教学格局。

第四,要把健美操动作的技能技巧训练与健美操动作的艺术表现有机地结合起来。在提高学生健美操动作练习技巧的同时,要加强学生对健美操动作的理解、分析、处理和表现能力。把健美操的动作技术与技巧作为表现健美操运动的手段,把对健美操运动进行的艺术处理与表现作为健美操运动的最终目的,形与情完美地结合。并通过对学生在健美操动作造型艺术处理与表现上的训练,提高他们在健美操动作训练基本功、健美操造型技巧及健美操运用等方面的综合能力与美育和艺术修养。从而在教学中形成健美操技能技巧与健美操艺术表现有机结合、相辅相成的教学格局。

第五,要把健美操技能技巧的训练与健美操竞赛心理素质的训练有机地结合起来。在提高学生的健美操技能技巧的同时,要加强学生健美操竞赛心理素质的训练。健美操造型是人体高级心理活动的一种现象,人体的运动系统骨骼肌组织和健美操造型直接受心理因素的影响与支配,健美操技能技巧的掌握及在健美操竞赛中的最佳发挥是依赖于良好的心理状态,同时良好心理素质的训练又是建立在体质、体形、体格的良好训练及较完善的肌肉造型技巧的基础之上。从而在教学中形成健美操技能技巧的训练与心理素质的训练有机结合、相辅相成的教学格局。

第六,要把健美操动作训练实践与健美操基础理论课的学习有机地结合起来。在健美操训练的过程中,要加强学生对健美操基础理论课的学习,特别是要认真学好基础运动解剖学、运动生理学、运动训练学、运动生物化学、运动医学及健美操动作赏析、技术分析和健美操器械设备原理等基础课,才能推动健美操课程学习,加快健美操训练的进展,更好地演练健美操动作和表达健美操动作造型的思想感情。从而在教学中形成健美操动作训练实践与健美操基础理论课有机结合、相辅相成的教学格局。

第六章 信息化教学的基本理论体系研究

信息化教学是现代教学的一大发展趋势,并且在体育教学中得到了一定应用,也获得了良好教学效果。信息化教学要想得以规范、科学地发展,就必须有一定的基本理论作为指导,同时随着信息化教学的发展其理论也逐渐形成了一定体系。

第一节 信息化教学概述

一、信息化教学的基本理念

信息化教学的基本理念就是"以学生为本""以人为本"的理念,主要从以下几个方面得以体现出来。

(一)对学生主体地位加以强调

在现代教学中,学生是个性丰富、鲜活、具体而不断发展的认识主体,是独立的群体和个体,具有很强的主观能动性。在教学过程中,学生的主体性主要从主动性、自主性和创造性方面表现出来。

(二)从强调积累知识和训练技能转变为学生主动建构

根据建构主义的相关学习理论观点可知,知识是学习者在一定的社会文化背景下,借助于他人(包括学习伙伴和教师)的帮助,通过对相关学习资料的充分利用,以意义建构的方式而获得的。这些年来,学习者已经从过去对知识进行被动接受的局面转变为了对知识进行主动建构。

(三)从接受式学习转变为探究、自主、合作式的学习

在课程实施方面,新课改明确指出要将过去过于强调死记硬背、接受学习、机械训练的状况加以改变,鼓励学生乐于探究、主动参与、勤于动手,对学生在

信息收集和处理方面的能力、学习新知识的能力、对问题进行分析和解决的能力以及合作与交流的能力进行培养。

这就要求教师对过去的教学方式进行改变,采用信息化教学的方式来对学生的探究学习能力、自主学习能力和合作学习能力进行培养。此外,还应从诸多方面来对学生的合作学习、主动探究的意识进行培养,让学生意识到只有积极主动地学习才能够适应信息化社会。

(四)对活动的重要性进行强调

过去传统的教学活动主要是侧重于知识的"授—受"活动,而现代教学活动的主要观念则是要求在教学中,对活动的多样性和重要性有一个充分认识,教师要给学生设计一些具有多种性质的活动,在活动中参与各种形式的学习,使学生的自觉性和主动性能够在活动中得以充分发挥,对学生的创新精神、创新意识、创新能力进行培养,以更好地促进学生的能力、知识和个性得到全面发展。

(五)强调学生的主观能动性

在具体的教学过程中,要使学生的探究热情和学习兴趣得以激发出来,对学生的个性和特长予以充分尊重,促使学生积极参与学习,使学生的潜能得到最大限度地发挥。通过采用多媒体技术,教师可以使学生的学习兴趣得到很好地激发,同时采用多样化的教学方式来促使学生能够更加主动积极地对知识进行自主探究。

(六)强调师生积极主动地互动交流

师生之间进行多样化的交流,能够促使师生的心理距离得以缩短,促使学生的学习兴趣得到增强,使学生在学习的过程中进行生活经验的共享,对学生的知识结构进行完善,促进学生的社会性学习,发展学生的社会性素质。

对于教师来说,通过进行师生之间的相互交流,教师可以暂时放下权威的架子,与学生进行平等地交往,这样能够帮助教师和学生进行相互学习,共同提高。

二、信息化教学的要素

在传统教学理论研究方面,常常会将教师、学生、教学内容三者看作是整个教学系统的主要构成要素,又被称为教学系统"三要素"。

伴随着现代信息技术的快速发展,在现代教育教学活动中,媒体的作用越来越突出。正是由于媒体要素的介入,才使得教学内容在传播方式和表达形式方面发生了很大变化,使得教学方式产生了革命性的改变。在信息化教学系统中,媒体成为重要的构成要素。

在信息化教学系统中,教师、学生、教学内容和媒体是四个核心要素。在一定的教学环境当中,这四个要素相互作用,进而产生一定的教学效果。

(一)媒体

在信息化教学过程中所说的媒体主要是指现代的教学媒体,现代教学媒体是通过利用现代科学技术成果而发展起来的,并被运用到教学领域的电子传播媒体。主要有录音、投影、幻灯、电视、录像、计算机等教学媒体以及这些教学媒体相互组合而成的教学媒体系统,如微格教学训练系统、视听阅览室、闭路电视系统、语言实验室、校园计算机网络系统、计算机网络教室、多媒体综合教室等。

(二)教师

随着现代信息技术的发展以及在教学中现代教学媒体的应用,教师所扮演的角色也发生了很大变化,同时也面临着新的挑战,这就要求教师在信息化教学环境中具有相应开展教学的能力。

1. 掌握现代教学理念

信息化教学中的教师要明确现代教学理念,掌握信息化教学的基本理论和方法,以便更好地改善教学方法、提高教学效率。

2. 具备信息化教学能力

信息化教学能力是指教师在现代教学理念的指导下,利用现代信息技术和丰富的教育资源,运用多种信息化教学方法开展教学活动、解决教学问题、优化教学过程的能力。它是教师在信息化教学中所必须具备的重要能力之一,也是教师对信息技术加以有效利用开展教学的能力的体现。

信息化教学能力主要包括良好的信息素养和信息化教学设计能力。

(1)信息素养

教师的信息素养主要包括信息意识、信息知识、信息能力和信息道德。

①教师要具有敏锐的信息意识,能够正确理解"信息""教育信息化""信息

社会"等概念及内涵,这样才能更好地开展信息化教学。

②教师应具有一定的信息知识,了解信息技术、信息化教学相关的知识、方法及理论。

③教师要具有相应的信息能力,也就是说,应具备对信息技术进行利用来开展教学的能力。

④教师要具有良好的信息道德和一定的信息安全意识。

(2)信息化教学设计能力

教师应当明确信息化教学设计的内涵,知道信息化教学设计的特点,理解信息化教学设计的原则,掌握信息化教学设计的方法。

(3)集多种角色、多重身份于一体

在信息化教学过程中,教师是教学内容的设计者,是学习活动的组织者和参与者,是学生学习的指导者。教师既是学生的导师,同时还可以成为学生学习生活中的朋友、伙伴等。

(三)学习者

信息技术在教学中的应用,为学习者的学习提供了很多便利,同时也对学习者提出了更高要求。

1.学习方式多样化

信息技术的出现,使得学习者的学习行为和学习方式发生了变化,学习者既能够通过课堂来接受教师的指导,同时还能够通过现代教育媒体来获得更多的教学信息资源。在现代教学媒体和信息技术的支持下,学习者的学习方式从过去的被动接受转变为合作学习、自主学习、探究学习等信息化学习方式。

2.较高的信息素养

在信息化教学中,学习者应具备较高的信息素养,能够从大量的信息资源中找寻所需的信息,并对信息进行加工、整理、保存;能够使用常用的软件进行学习并与他人交流;学会有效地反思、评价和监督自己的学习过程。

3.集多种能力于一身

在信息时代,学习者应具有自主学习能力,这主要包括以下几点。

(1)对学习内容进行确定的能力。

(2)获取相关资料和信息的能力。

（3）对相关资料和信息进行利用与评价的能力。

此外，学习者还应学会与他人共事，具备合作与协作的能力，同时还要具有创新精神及创造能力。

（四）教学内容

现代信息技术的出现和现代教育媒体在教学中的应用，使得教学内容具有新的特征，主要表现在以下几个方面。

1.表现形态多媒体化

可以用文本、图表、声音、动画、视频以及模拟三维影像等形式来呈现教学内容，利用多媒体方式呈现的教学内容能够将抽象的知识形象生动地表现出来，使学习者更好地掌握知识，从而提高教学效率。

2.处理数字化

将文本、声音、图像、动画、视频等教学内容信息由模拟信号转换成数字信号，其可靠性更高，更容易存储与处理。

3.传输网络化

信息化的教学内容可以通过网络实现远距离传输，学习者可以在任何一台能够上网的计算机上获取自己所需的信息。

4.超媒体线性组织

信息化教学内容采用超媒体技术构建，支持文本、音频、视频、图形、图像、动画等多媒体信息，并采用网状结构非线性地组织、管理信息的超文本方式，对教学信息进行有效的组织，适合人脑的认知思维方式，也有利于有效地组织教学信息、促进知识的迁移。

5.综合化

信息化社会知识呈现出高度的综合化特征，信息时代需要具备各方面知识的"全才"。在信息化社会中，学生学习的内容已不仅仅局限于某一门独立的学科，特别是随着网络时代的到来，学生的学习及生活中出现了许多新课题，这些课题不是仅靠某一门或几门学科的知识就能够完成的，而是需要学生把所有学科的知识整合起来并运用到学习之中，才能够很好地解决问题。这与信息化社会要求人才具有多方面知识这一特征是紧密联系的。

信息化教学系统的四要素之间存在着错综复杂的关系，各个要素之间不同的结合方式会产生不同类型的教学系统。

第二节 多媒体教学软件的开发

一、多媒体教学软件的概念

所谓多媒体教学软件就是指根据课堂教学大纲的具体培养目标要求,采用多媒体与超文本结构,如文本、图像、动画、视频、音频等来对教学内容进行展示,同时采用计算机技术进行记录、储存和运行的一种教学软件。

二、多媒体教学软件的类型

多媒体课件根据内容与作用的不同可分为个别指导型、练习测试型、模拟型、游戏型、问题解决型、资料型和演示型等。

(一)个别指导型

个别指导型课件,其主要完成的是对学生进行个别化学习的辅导。根据相应的教学要求和教学目标,将一定的学习内容呈现给学习者,在学习者做出应答之后,计算机做出相应的诊断和评判。如果回答错误,要进行适当的补充学习;如果回答正确,则进入下一步内容的学习。

(二)练习测试型

练习测试型课件以复习巩固为目的,通常也把它称为题库式。它是以选择题(单项或多项)、填空题、是非题为主,采用提问式、应答式或者反馈式等形式,先由计算机提出问题,学生自主回答,然后计算机加以判断,并及时反馈结果。

(三)模拟型

模拟型课件是通过计算机软件、硬件以及相应的外部设备,把那些在一般条件下不易实现的实验操作、技能训练等内容进行模拟、仿真,以期达到学习目的的软件类型。

(四)游戏型

游戏型课件集教育性、科学性和趣味性为一体,以游戏的方式来安排教学内容。其具体要求是把知识的获取作为游戏闯关的结果并建立相应的激励措施,且这种激励措施应积极向上、有趣、健康,并注意知识的科学性、教育性和完整性。

(五)问题解决型

问题解决型课件的主要思想是让学习者通过解决问题去学习,以实现既定的教学目标。其主要目的是用来对学习者的问题分析和问题解决能力进行培养。

(六)资料型

资料型课件的本质是一种教学信息库,包括各种电子字典、电子工具书、图形库、动画库、语音库等。其主要目的是为学习者或课堂教学提供学习信息资源,通常用于提供给学生进行课外查阅和在课堂上进行辅助教学。

(七)演示型

演示型课件的主要目的是在课堂教学中辅助教师的讲授活动。其特点是注重对学生的启发、提示及反映问题解决的全过程,主要用于课堂演示教学。

三、多媒体教学软件的开发步骤

对于高质量课件的开发是一个非常复杂的系统工程,这需要整个开发小组中的全体成员进行通力合作,这就要求对开发过程的各个任务和步骤进行具体的规定,以便为行动提供指导。通常来说,多媒体课件的开发包括环境分析、教学设计、脚本设计、软件编写、评价与修改等最基本的阶段。

(一)环境分析

多媒体课件的环境分析主要包括课件目标分析、课件使用对象分析和开发成本估算等任务。

课件目标分析除了要包含学科领域和教学内容的范围外,还要对教学提出相应的具体要求。

课件使用对象分析主要涉及以下三个方面。

(1)学习者的一般特点,包括性别、年龄、文化背景、学习动机、文化程度、工作经历等。

(2)对于学习内容的接受能力、学习者的态度以及所具备的相应基础技能和基础知识。

（3）学生所具有的计算机技能。

开发多媒体课件的成本估算通常也是不可缺少的。开发的总费用一般包括开发组成员的劳务费用，各种参考资料费，磁盘、打印纸等各类消耗材料费以及软件维护费等。

（二）教学设计

教学设计是课件开发过程中最能体现教师教学经验和教师个性的部分，也是教学思想最直接最具体的表现。该阶段的主要任务包括详细分析教学内容、划分教学单元、选择适当的教学模式等。

（三）脚本设计

脚本是在教学设计基础上作出计算机与学生交互过程方案设计的详细报告，是下一阶段进行软件编写的直接蓝本，是课件设计与实现的重要依据。因此，在课件开发过程中，脚本设计阶段也是从面向教学策略的设计阶段到面向计算机软件实现的过渡阶段。

脚本的描述并无规定格式，但所包含的内容是基本一致的，即在脚本中应注明计算机屏幕上应显示的内容（包括文字、动画、图像和影像等）、音响系统中所发出的声音以及这些内容输出的具体顺序与方式。通过编写课件脚本，能够将作者的设计思想很好地体现出来，从而为软件的制作提供相应依据。

（四）软件编写

该阶段的任务是将教学设计阶段所确定的教学策略以及脚本设计阶段所得出的制作脚本，用某种计算机语言或多媒体软件工具加以实现。

为了提高效率，应该尽量收集、利用现有的多媒体素材，根据课件内容需要进行编辑加工。在多媒体素材采集、编辑完成后，就可以用多媒体创作（编辑）工具进行集成了。各种常见的多媒体创作工具，其主要的用武之地就是它们与多媒体硬件和其他各类媒体的编辑工具一起构成了多媒体制作环境。

课件程序编写完成后应当进行仔细的调试，调试的目的是找出程序中所隐含的各种错误并加以排除，其中包括教学内容上和计算机程序编写上的各种错误。

（五）评价与修改

在课件开发过程中，课件评价与修改是其中的一个重要内容，其实际上在整个课件开发的各个阶段中都会存在。

由于多媒体课件类型、应用对象的多样性,目前国内外评价多媒体课件质量的指标体系不尽相同,但是其基本内容还是比较一致的,主要是对其教育性、科学性、技术性、艺术性和实用性等要素的评价。

第三节　信息化教学模式与应用

一、协作型信息化教学模式与应用

(一)协作学习的概念

协作学习是指学习者以小组的形式,在一定的激励机制下,个人和小组通过协同互助的方式,为完成共同任务而开展的学习活动,又被称为合作学习。小组活动是协作学习的主体,强调小组成员的协同互助、强调目标导向功能、强调以总体成绩作为激励。

(二)计算机支持的协作学习系统的基本要素

1.基本要素

计算机支持的协作学习系统的基本构成要素包括协作小组、成员、辅导教师、协作学习环境等。

2.计算机支持的协作学习系统的设计

计算机支持的协作学习系统的设计主要包括确立学习主题、准备学习资源、组织小组成员、管理和评价学习过程、设计交互工具、设计合作方式。

3.计算机支持的协作学习过程模型

通常来说,学习者协作学习过程可以分为划分小组、进行学习、最后评价三个主要阶段。

在三个阶段的基础上,结合计算机支持协作学习的特征,从学习者的角度出发,提出一个计算机支持的协作学习系统过程模型。可以将这一学习系统大致分为学习者特征分析、划分小组、学习过程和总结评价四个阶段。

（三）协作型信息化教学的设计步骤

1.明确学习目标

在学习过程中，学习者所预期要达到的学习标准和学习效果，即为学习目标。在开始教学前，教师将学习目标告知学习者，使学习者能够对自己应该学会什么、要达到什么样的程度提前加以明确。实践证明，有明确的学习目标比没有目标对学生学习活动的合理安排、学业成绩的提高都会产生更为积极的影响。

2.组合学习成员

要在对"组间同质，组内异质，优势互补"的原则予以遵循的基础上，全面地了解学生的具体情况，然后根据学生的学习状况、能力倾向、个性特长等方面加以"同质"分类，然后再进行异质组合，使他们组成一个合作学习小组。

3.进行协作学习

在此过程中，学生之间为了达到小组学习目标，个体之间可以采用对话、商讨、争论等形式对问题进行充分论证，以期找到能达到学习目标的最佳途径。

4.总结性评价

待协作学习结束后，可以通过组内评价、组间评价或者教师评价等方式对各小组的学习结果作出最终评定。

通过协作学习，可以更好地促进学生个体思维能力得到发展，增强学生个体相互之间的沟通能力以及包容个体差异的能力。此外，通过协作学习还能够促使学生的学习成绩得到提高，使学生形成创新思维和批判思维，使学生形成乐观对待学习内容和学习的态度，提高小组个体之间及其与社会成员之间的交流沟通能力，处理好自尊心和个体间相互尊重的关系，等等。

5.协作学习环境设计

提供计算机网络的学习环境，小组成员可以在环境的支持下共同选择同一主题。通过面对面、E－mail 或 QQ 传递信息和进行网络共享信息，小组成员之间可以相互发送建议、学习资料、行动通告、关于合作伙伴行动的评论等。成员在互惠互利的教学模式及学习方式下，每个成员都有可能成为其他学习伙伴解决问题的指导者。

6.协作学习资源设计

教师需要为学生设计并提供一定的信息资源,如相关主题的网站,以提高协作学习的效率。

7.学习成果汇报

各组小组长依据学习结果进行汇总、汇报。

8.学习评价

把学习过程评价与学习结果评价相结合,把对协作小组的集体评价与对小组成员的个人评价相结合,在此基础上侧重过程评价和小组集体的评价。教师需要对评价过程进行控制并及时总结各组的优缺点。

二、基于电子学档的信息化教学模式

(一)电子学档的特点

电子学档主要包括以下几个特点。

(1)数字化的表达形式。

(2)自主性创造活动。

(3)创新性思维构思。

(4)开放性传播。

(5)自激励与他激励。

(6)过程性评估。

(二)电子学档教学模式

1.以"为学生学习提供支持和保证"作为标准

(1)教学计划。

(2)课本、文献或其他所用资源的书目提要。

(3)与教学有关的课堂生活的照片。

(4)教师开发的教学材料。

(5)展示学生感兴趣的学生作业。

2.以"创设并保持有效的学生学习环境"作为标准

(1)纪律和管理计划。

(2)课堂环境的照片。

(3)教学规则或程序的计划。

3.以"理解并组织学科教学"作为标准

(1)长期的课程计划。

(2)在职工作或参加教育学知识培训课程的文件记录。

(3)记录学科知识或课程整合的课程计划。

4.以"为每位学生制定教学计划并设计学习体验"作为标准

(1)教学目标。

(2)教学计划。

(3)教学计划的调整。

5.以"评定学生的学习"作为标准

(1)列出所用的评定方法。

(2)反馈给学生的评定结果的样本。

(3)学生作业样本。

(4)学生作业的三维立体照片。

6.以"发展成为专业教育者"作为标准

(1)根据社区实际选择教学内容的计划。

(2)与家长交流的书面材料。

(3)集体教学情况的记载。

通常来说,任何一个档案,包括传统档案、电子档案在内,都应包括以下几个方面元素。

(1)学习目标。

(2)材料选择的原则和量规。

(3)教师和学生共同选择的作品范例。

(4)教师反馈与指导。

(5)学生自我反思。

(6)清晰合适的作品评价标准。

(7)标准和范例。

对于不同的学科和内容,电子学档的框架和内容也是不同的,在设计时不能完全按照某一专家或者学者的观点进行设计,需要依据学科的特性适当地调整电子学档的框架及其内容。

第四节　信息化教学设计与应用

一、信息化教学设计的概念

信息化教学设计就是运用系统方法,以学生为中心,充分利用现代信息技术和信息资源,科学地安排教学过程的各个环节和要素,以实现教学过程的优化。

二、信息化教学设计的基本特点

传统的教学设计是以行为主义理论作为指导,而信息化教学设计是以建构主义理论作为指导。

信息化教学设计的特点可概括为以下几点。

(1)信息化教学设计以建构主义学习理论为指导,但不否定行为主义的观点。行为主义学习理论认为,一切学习过程都是不断尝试、不断产生错误及失败,最后才取得成功的过程。

(2)教学过程设计是设计的核心,对于学习环境的创设以及学习资源的利用非常重要。

(3)学习内容为交叉学科专题,强调综合性。

(4)采用探究性学习、资源型学习和合作学习教学模式。

(5)以教学单元为教学周期单位,教学单元或者是某章、某节,或者是围绕某一个主题而整合的相关学习内容,应依据教学单元内容确定课时,而不是为了完成课时工作量去安排内容。

(6)教学评价依据电子作品集,而不是依据终结性考试。

三、信息化教学设计的内容与步骤

(1)学习者特征分析——确定教学起点,以便因材施教。

(2)教学目标分析——确定教学内容及知识点顺序。

(3)教学模式与策略的选择和设计。

(4)学习情境与学习任务设计。

(5)教学媒体与教学资源的选择和设计。

(6)教学评价设计。

(7)管理与帮助设计。

(8)教学过程与结构设计。

四、信息化教学设计的基本模式

这里重点对学习信息化教学设计的基本模式进行分析。该模式是针对教学设计者而言的。在这个基本模式中,教学设计过程可以分为单元教学目标分析、教学任务与问题设计、信息资源查找与设计、教学过程设计、学生作品范例设计、评价量规设计、单元实施方案设计、评价修改八个步骤。

第五节　信息化教学评价及应用

一、信息化教学设计的评价标准

对信息化教学设计是否成功进行评价,可从以下几个方面着手。

(一)是否有利于提高学生的学习效果

(1)学习目标是否明确,表述是否清楚。

(2)是否所有的学习目标都符合相关的教学大纲要求。

(3)教学设计中是否考虑到了学生的个体差异,并明确说明如何调整成效标准以适合不同的学习者。

(4)教学设计是否能够激发学生的兴趣,符合学生的年龄特征,并有利于学生的学习以及高级思维能力的培养,是否有利于学生在信息处理能力的培养。

(二)技术与教学的整合是否合理

(1)技术的应用和学生的学习之间是否有明显的关联。

(2)技术是否是使教学计划成功的必不可少的一部分。

(3)把计算机作为研究、发布和交流的工具是否有助于教学计划的实施。

（三）教学计划的实施是否简便易行

（1）教学计划是否可以根据具体教学情况的差异很容易进行修改，以便应用到不同的班级。

（2）教师是否可以比较轻松地应用教学计划中所涉及的技术，并获得相应的软硬件支持。

（四）是否能够有效评价学生的学习

（1）教学计划中是否包括一些评价工具，用于务实地评价及评估。

（2）学生的学习目标和学习成果评估标准之间是否有明确的关系。

二、信息化教学评价原则

（一）在教学进行前提出预期

在信息化教学中，学习的任务往往是真实的，而学生又具有较大的自主权和控制权。为了避免学生在学习过程中感到迷茫，应在教学进行前预先通过提供范例、制定量规、签订契约使学生对自己要达到的目标有一个明确的认识。这样一来，学生们就会主动将自己的工作与任务的预期要求看齐。

（二）评价要基于学生在实际任务中的表现

在信息化教学中，教学的组织者应尽可能从"真实的世界"中选择挑战和问题，并在评价时关注学生在实际任务中所表现出来的提问的能力、寻求答案的能力、理解的能力、合作的能力、创新的能力、交流的能力及评价的能力。评价的重点应放在如何使学生的这些能力得到发展和提高上，而不仅仅是判断学生的能力如何。

（三）评价是随时并且频繁进行的

既然信息化教学中的评价是一个进行中的、嵌入的过程，那么它也应该是随时并且频繁进行的，目的是衡量学生的表现与教学目标之间的差距，进而及时改变教学策略，或者要求学生改变他们的学习方法及努力方向。事实上，评价是促进整体学习发展的主要工具。

（四）学生对评价过程和质量承担责任

要促进学生自我评价能力的发展，就应让学生获得参与制定和使用评价标准的机会，促使他们能够在思考和反思中来发展自身的技能。因此，只要有可能,就应尽量鼓励学生进行自评或互评,并使他们对评价的进程与质量承担责任。

第七章 信息化视野下的信息技术与体育课程的整合

第一节 体育课程设计的发展及现状

一、体育课程设计与实施概述

(一)体育课程设计的学科基础

1.体育课程设计的心理学基础

(1)身体认知是学生特殊的认知领域。体育课程教学中学生通过练习运动技术或技能,能够产生丰富的身体体验,从而进一步认识自我。可见,运动技术是人在从事以运动项目为中心的身体练习过程中,在自身内部之间和本体与客体之间的相互关系中,通过综合体验所获得的身体认知。因此,不仅体育理论知识属于人类知识范畴,能够使学生获得特殊的身体认知的体育运动技术也属于知识的范畴。

(2)体育课程对促进非智力因素的作用。学生在体育学习过程中不但可以获得身体认知,还能够产生一定的情感体验,这些方面的体验对于个体非智力因素的发展具有一定的积极促进作用。体育课程内容丰富多彩,学生在学习过程中能够受到多方面的刺激,从而在形成身体认知的同时获得一定的情感体验。体育课程教学中各种角色的变换符合社会实践中角色的个性化要求,所以,学生在获得情感体验的同时,非智力因素(态度、情感、价值观和意志等)也会得到不同程度的发展。充分结合智力因素与非智力因素来促进学生的全面发展,有利于在体育课程改革中进一步深入对人本主义思想的贯彻。

2.体育课程设计的社会学基础

作为社会文化的重要组成部分,体育课程自然会受社会政治、经济等因素的影响,但同时也会反作用于社会的发展,主要表现在对体育文化的保存、传播和重建方面。通过参与体育运动人们可以获得健康的身体,从而更有激情地投入生活与工作中。体育的规则对人们的行为有约束力,促使人们对社会规章制度、道德规范严格遵守。可以说,体育运动是一个社会角色演练场所,而且该场所的团体性极强,个体在这一场所中对各种角色的变化深入感受,有利于在社会环境的变化中更快地适应一些角色。

3.体育课程设计的教育学基础

作为学校教育和国民教育的重要组成部分,体育与德育、智育密切结合,肩负着重大的历史使命,即为社会培养全面发展的人才,该使命的完成有利于推动社会精神文明建设。

体育的功能及社会对体育的要求直接决定了体育在国民教育中的地位。在人的社会化过程中,体育所发挥的作用非常重要,如在儿童时期参与体育游戏扮演不同的游戏角色,有助于更快地适应生活。在传播和重建体育文化的过程中,体育同样发挥着重要的作用,体育规范、规则对人们的行为构成约束,促使人们按照一定的准则养成良好的行为习惯,并进一步促进人们健康生活方式的形成。

(二)体育课程的实施理论及过程

1.体育课程实施的概念

体育课程实施是以体育课程的性质、目标、内容框架、教学原则、评价建议等为依据,以所用教材的体系结构、内容材料、呈现方式等作为参照,从学校的设备、资源、环境等条件以及体育教师的教学能力、风格、经验、学生的兴趣、学习水平及习惯等出发,有目的、有计划、有组织地实践显现体育课程本质、体现体育课程价值、实现体育课程目标的过程。

实施体育课程标准,主要是体育教师在体育教学中充分且创造性地运用有效且广泛传播的计划。从体育课程实施的概念来看,这是一个不断发现问题、解决问题以及不断改革与创新的过程,学校领导、体育教师、学生、家长、体教部门、社会等要素在这一过程中都有参与。通过实施体育课程,人们对体育的知识、行为和态度发生积极的转变。

2.体育课程实施的本质

体育课程实施包括 3 个具体的环节,即体育课程采用、体育课程调适及体育课程应用。体育课程实施具有一定的整体性、复杂性、系统性特征,而且这一过程中不确定和不可预期的因素也有很多,因而,也有一定的不确定性及不可预期性特点。体育课程实施的价值取向、教育行政部门的保障、体育教师的业务素质、新课程改革与原有课程要素的冲突等,共同促进了体育课程实施的复杂性特征的形成。从课程目标角度来看,体育课程实施就是在复杂的过程中达到一种平衡状态,对影响体育课程实施的因素进行系统考虑,从而促进最大功效的实现。从操作角度来看,体育课程实施是一个再创造过程,包含采纳、调适和应用 3 个环节;从效果的角度来看,体育课程实施是改革体育课程并落实改革理念的过程。

下面主要对体育课程实施的本质特征进行分析。

(1)现实情境性。现实情境性是体育课程实施的现实性的集中体现。体育课程实施是在一定的具体现实条件下进行的,以现实情境为基本出发点,对一切体育课程资源进行充分开发和利用,并探索体育课程改革的策略。"具体的体育课程历史条件"是体育课程发展"现实性"的主要表现。只有将体育课程改革落实到学校这一基本单位,才可以密切联系学生实际,倘若体育课程改革脱离学校实际,那么真实的课程实施就不会存在。

(2)适应性。体育课程实施是教师以实际情况为依据,科学调整体育课程目标、内容和方法的一系列过程。对于体育课程实施的情境因素及实施过程中的具体问题,体育教师是最了解的。倘若体育教师缺乏对体育课程实施的兴趣,担心新体育课程实施会使自身原有的教学优势受到影响或威胁,那么对于体育课程实施这一过程,就不会主动参与,也不可能对体育课程资源进行有效利用,从而科学的体育课程实施方案也就难以制定。

(3)创造性。体育课程实施过程体现了对各种体育要素资源的再创造,作为体育课程课堂教学中的决策者,体育教师是设计与开发"实际课程"的主体。体育教师对体育课程实施过程的再创造包括确定体育课程的具体目标,选择、增删体育课程内容,微调体育课程时间,变革教学行为等。对于体育课程的再创造,体育教师主要是从"教学法"的角度着手的,而非从"课程"入手(课程专家以"课程"为切入点)。因此,本质上而言,体育教师的课程实施过程就是创造体育教学新文化的过程,即重构体育课程教学体系的过程。从这一角度来看,课程实施的关键在于提高体育教师的专业素养,促进学生的专业化发展。

3.体育课程实施的取向

(1)忠实取向。体育课程实施过程是忠实地对体育课程方案加以执行的过程,这便是体育课程实施的忠实取向。对体育课程实施的成功与否进行衡量的基本标准是预期体育课程方案的实现程度。如果预期体育课程方案的实现程度比较高,那么,体育课程实施则较为成功,反之就是失败的。

需要注意的是,体育课程实施坚持忠实取向,并不意味着要死板地、按部就班地实施,而是要注重创造性,并适度调整体育课程方案。

(2)相互适应取向。体育课程方案的使用者与学校情境之间保持相互适应的关系,就是体育课程实施的相互适应取向。坚持这一取向就要以学校或班级实际情境为依据来调整与改革体育课程方案,科学确立课程目标,合理选用课程内容、方法及组织形式。对相互适应取向的坚持要求在适应具体实践情境和关注学生特点的基础上调整体育课程计划,以体育课程实际情境为依据对体育课程计划进行修改。

从相互适应的角度来看,本质上可以将体育课程实施理解为"协调中的变革",体育课程实施针对的不仅仅是一个事件,还是一个过程,实施者就要在这一过程中修订与变革课程方案。

(3)创新取向。体育课程实施过程是体育教师与学生在具体情境中对新的体育经验进行共同创造的过程,这便是体育课程实施的创新取向。在共同创造的过程中体育教师和学生对资源进行或实现"再造",要以原来设计好的体育课程方案为材料或背景,这时原有的方案是作为一种体育课程资源出现的,借助这一资源体育教师和学生不断促进课程方案的改革和发展。随着体育教师专业素养的提高和学生的不断进步,体育课程也会得到一定的发展。

4.体育课程实施的过程

(1)起始阶段。起始阶段主要是对体育课程实施的步骤进行设计,并使学校批准设计好的实施计划。谁来参与、希望得到什么程度的支持、为体育课程改革做了哪些方面的准备等,是起始阶段的计划中必须包括的几部分内容。

（2）实施阶段。实施阶段是展开具体行动的阶段,各种模式和方法在这一阶段都会被付诸实践。实施阶段主要是介绍并说明体育课程改革的基本问题,人们在体育课堂或其他教育场所实施体育课程改革也属于实施阶段的内容。编制体育课程主要是为了促进学生的变化,使学生达到学校和社会对其提出的要求,从而促进体育课程目标的达成。

体育课程实施是否给现实带来期望的变化、会有什么结果、什么原因引起变化、这些变化的结果是否可以预见、体育教师能否对这些变化进行控制等,是实施阶段需重点考虑的问题。

（3）维持阶段。维持阶段是对体育课程改革进行控制的关键阶段。如果这一阶段的工作没有计划好,很有可能会使体育课程改革走向衰落甚至完全停止,那么就无法实现体育课程改革的制度化目标了。在体育教学过程中,体育课程的改革可能会被体育教师忽略,或者某些课程内容会被体育教师主观改变,这样改革后的新课程就难以实现预期的效果。

5.体育课程标准的实施

（1）正确处理体育课程实施与计划的关系

①制订合适的实施计划。切实可行的体育课程计划是确保体育课程成功实施的基础与前提。在对体育课程进行规划的过程中,要考虑实施计划行动所需要的各种资源,要对能够指导有计划的行动的管理政策进行科学制定或明确。

体育课程实施首先必须制订体育课程计划,体育课程计划重点包括 3 个要素,即人员、计划和过程。

体育课程实施过程中应为体育教师提供充足的时间,使其能够对新课程进行分阶段的实践并逐步适应新课程的要求。同时,体育教师也要在这些时间里对新教科书逐步适应,从而为体育课程实施打好基础。刚开始课程实施时,体育教师可能会不适应新体育课程:他们按照体育课程实施计划按部就班地进行,基本上没有任何创新,不对体育课程做创造性的改变。但当他们对新体育课程逐渐适应了,就会开始根据实际需要来调整体育课程,从而使学生的多元需要得到更好的满足。

②开展交流。新的学校体育系统和环境是体育课程实施的基本条件,只有

具备这一条件,才能将体育课程实施和学校实际情况有机结合起来。为此,需要采取新的方法使体育教师和体育课程编制人员参与"体育课程标准和实施计划"。

要想使体育课程顺利开展并取得成功,需要体育教师、校长和体育课程工作者进行密切交流与沟通。体育课程实施者要激发体育教师的兴趣,使其积极参与实验性学习活动,实施者还要创造开放和信任的环境,使体育教师在参与过程中意识到自己的努力与付出是有价值、有意义的,从而更加积极地投入相关工作中。体育教师需要一定的时间来尝试对新计划的实施,对新目标的思考,对新内容的考虑,并尝试完成新的任务。

体育课程实施离不开信息交流,即个人或群体之间就体育课程改革的事实发表自己的观点、感受和态度。简单而言,信息交流过程就是信息发送者和接收者之间的信息互通过程。为了创造良好的信息传播环境,体育课程专家必须对学校体育系统中正规与非正规的信息交流渠道进行调查,并形成系统的认知。运用正规交流渠道时需要各个层次的组织与安排,各层组织和各级人员要从横向与纵向同时展开信息交流,有效的信息交流有利于体育课程目标的实现。

在开展交流的过程中,学校领导应做好以下几点工作。

第一,与体育教师进行交流。学校领导应深入体育教师群体,对体育教师的想法充分了解,对体育教师提出的有效意见或传达的有效信息广泛接纳。

第二,实行开门政策。如果学校领导能够经常性地组织自下而上的交流活动,那么,体育教师在提出一些意见或建议时就会感到轻松,几乎没有压力。

第三,进行态度调查。体育教师只有认识到自己的付出所带来的价值,才能更好地参与体育课程实施。所以,学校领导要时常关注体育教师的工作态度,并对其所知所感、价值观加以了解,清楚他们愿意在哪些体育课程工作中作出贡献。

第四,自由交换意见。学校领导要通过组织谈话和会议来对相关信息进行传播,确保各种信息渠道的畅通,从而使信息广泛传播。

此外,体育课程领导者应鼓励对有效信息交流渠道的开通。无论是正规的信息交流渠道还是非正规的,无论信息交流是横向的还是纵向的,是自上而下还是自下而上的,都是通过口头或书面的形式来传播信息。体育课程改革中一般可以通过文章、书信、布告、书籍、演讲、研究报告等途径来传播相关信息资料。当然,传真和电子邮件在快速传输信息方面也发挥着至关重要的作用,也应得到课程实施者的重视。

如果交流和传播信息是以面对面的形式进行,那么,信息接收者的反馈信息就能够及时被信息传送者接收,这对于促进双方的及时交流与沟通更有帮助。在非语言性的信息传播环境中,可以通过人与人之间的相互影响来传递与接收信息,从人的面部表情、肢体语言及语气中也能够获得许多信息。

③提供支持。体育课程实施过程中,实施者要从多个方面来支持体育教师,从而促进实施效果的提高。具体支持途径如下。

第一,开展在职培训,提供充分适应新课程的时间是体育教师在体育课程实施中的基本要求。实施者必须灵活制订在职培训计划,以便后期能够以体育教师需求的变化为依据及时调整原计划。

第二,体育课程实施者要鼓励体育教师将自己不同的甚至是反对的意见表达出来,并鼓励体育教师将自己关注的焦点问题大胆地提出来。

第三,在体育课程的改革与实施过程中需要投入一定的资金,这样才能为获取新体育课程所需的资料、器材设备等提供基本的保障。

第四,在学校各相关人员间建立信任关系,特别要重视对教育行政部门、学校领导和体育教师之间信任关系的建立。学校领导应掌握一些有关体育课程的知识,并亲自参与到体育课程的实施过程中,从而对体育教师的工作给予鼓励与支持,共同推动体育课程的变革。

第五,只有各方面的人员都付诸行动,共同努力,才能使体育课程的实施取得成功,而且有关人员之间必须相互支持,相互合作。因此,学校应为教师之间的相互交流提供有利的机会,使他们共同解决问题,共同构建新的课程。

(2)提高人们的参与积极性

①把握体育课程改革的良好时机。体育课程实施过程中各环节之间相互联系,相互影响,相互作用。制订体育课程计划的人员不仅要对"是什么"的问题进行明确,还要对"什么是合适的"这一问题进行考虑。体育课程设计、发展、实施和评价等活动都需要体育教师与学生的共同参与,这是体育课程实施中强

调的重点。

②依靠全体参与者共同协作。在体育课程编制与实施过程中,相关领导者应意识到人所发挥的重要价值,应将人与人之间的协作关系重视起来,鼓励相关成员之间进行合作与交流。

新的体育课程的实施离不开所有体育教师的共同支持和参与,因此,领导者应加强对体育教师的引导,使教师能够接受新鲜事物,对新的领域勇于开拓与创新,使其全身心投入体育课程的改革浪潮中。领导者还应引导体育教师对体育课程变革形成正确的认识,鼓励体育教师参与制订课程计划的工作,确保新课程更好地适应体育教师的教学水平。

③正确对待不同的观点。在体育课程的改革过程中,首先要注重体育教师个体的改变,课程改革可以说是体育教师及相关人员的经验活动,因此,在课程改革与实施过程中必须允许体育教师展现自己的个性特点。在课程改革中可能会有人持反对意见,对此,相关领导者应事先做好处理可能遇到问题的准备,并提前计划好问题的解决方案。为了更好地处理改革中遇到的问题,领导者应明确以下几方面的问题。

首先,人们如何看待课程改革,对于课程改革,人们存在哪些疑虑;其次,导致矛盾产生的导火线是什么;最后,对于一些人的焦虑情绪应该采取什么方法来安抚。

④以发展的眼光进行体育课程改革。任何新事物都是在特定的时代与环境中产生的,新体育课程也是如此。随着时代的变迁和环境的变化,需要对体育课程进行相应的修改,或者对新的体育课程进行设置,从而使其符合新时代与新环境的发展要求。事物处于不断变化和发展的状态中,体育课程也是如此,只有对其不断进行检查与评价,才能对该课程是否能够继续存在与发展而作出准确判断。

二、体育课程设计优化与发展对策研究

(一)树立先进的体育课程教学观

科技在发展,时代在进步。因此,我们要及时转变观念,树立新的体育课程教学观,重视学生在体育课程教学中的主体地位,提高学生掌握新知识、新技能

的积极性与主动性。以学生为中心的体育课程教学观要求体育课程设计及教学实施应与学生未来职业发展相联系,不仅要看到学生在校期间的体育受益,也要考虑学生步入社会后的终身受益,促进学生职业素质的形成与提高,使学生更好地适应社会发展的需求,从而立足社会,发挥个人价值。

(二)明确体育课程教学目标

在体育课程教学中,明确的体育课程教学目标能够为体育课程教学活动的开展指明方向,每所学校都应该在结合本校实际条件的基础上制定体育课程的教学目标,具体从以下几方面来对体育课程教学目标加以明确。

(1)融入"健康第一"的思想。

(2)培养学生的终身体育意识。

(3)强调以学生为主体,对学生身心健康予以充分考虑,让学生在愉悦的环境中锻炼身心。

(4)从专业特色和未来职业出发,在体育课程教学中给学生传授实用性体育技能,可以使学生在将来能够成为满足社会发展需求的优秀应用型人才。

要对体育课程设计与教学中存在的问题进行处理与解决,就必须大胆进行教学改革,有关专家、教授积极参与研讨,根据学生的特点和需求对能够科学指导体育课程教学发展的指导纲要进行规划,切实推进体育课程教学的深入改革。

(三)加强体育课程建设开发

传统的教育思想与新纲要的指导理念相冲突,阻碍了学生学习的积极性、主动性、创新性。体育教师应改变单纯教授体育基本技术、技能和体育知识的教学模式,注重培养学生的生活、社会适应能力及个性情感。学生也应自由选择运动项目、授课教师,转变体育学习方式。

此外,体育教师要引导学生树立终身健康理念,结合本校实际情况开发建设户外运动、沙漠生存、岛屿生存、野外生存等拓展运动项目。把局限于学校内的运动内容扩展到社会和大自然中,对学生的社会适应能力进行培养。同时,学校应积极开展丰富多彩的校园体育文化节活动,促进校园体育文化建设。

(四)对体育课程进行分类设置

在体育课程设计中要理清思路,从体育教学目标和教材内容性质出发分门别类地进行设置。具体可按以下步骤进行。

1.资源整合

整合学校体育课程资源,明确授课对象,分别对必修课和选修课进行设置。

2.课程分配

在大学一、二年级,三、四年级和研究生培养计划中分别安排两类课程,一、二年级以必修课为主,三、四年级和研究生以选修课为主。

3.课程规划

选定必修课和选修课的构成,即有哪些必修项目课,有哪些选修项目课,必修和选修课类型由哪些课程构成等。此阶段要充分考虑大学体育分层教学的需要。

4.明确教学内容

以教学目标和教材内容性质为依据,确定必修课中理论课形式、实践课形式分别适用于哪些教学内容,各占多少比重;确定选修课中哪些以理论课形式进行教学,哪些采用实践课形式教学,这两种形式各占多少比重等。

5.论证实施

收集反馈意见,组织专家进行充分论证,对体育课程设计方案进行优化并组织实施。

(五)设置多样性体育课程体系

在体育教学改革中的基础环节主要是进行课程改革。体育课程是体育教学的根本,设置多样性的体育课程时,要求与体育教育的培养目标、教学目标以及学生发展的需要相一致。在科学技术不断发展的今天,体育教学改革中除了要继承传统教学的优势外,还要将先进的教学内容积极引进来,延伸与拓展现有的教学内容,以教学目标为依据选择教学内容,有针对性地取舍,合理组合与深入优化,设置多样性课程。把原先单一的技能竞赛培养方式拓展到提高学生综合素质、发展提高学生扩散性求异思维能力,以此来丰富学生的创新知识,提高学生的创新能力,培养学生的创新素质和意识。

对多样性体育课程体系的设置是体育教学改革的必然要求,这一改革举措充分贯彻了因材施教原则,符合学生的个性发展需要,能够促进体育教育的多类型、多规格、多层次发展。此外,多样性的体育课程体系有利于科学培养具有创新素质和创新能力的优秀体育人才。

(六)科学实施体育课程

1. 因地制宜、因时制宜

体育课程实施需要因地制宜、因时制宜地进行:具体从以下两方面来实施。

(1)对有关的组织变革理论知识加以了解,并将改革的思想、理念与学校体育课程发展现状密切联系起来。

(2)对特定社会制度及社会背景的变化加以了解,从而清楚新体育课程推行的环境背景。此外,实施者还需要对学校体育组织结构、体育文化传统、师生关系、同事关系等方面的问题进行详细的了解,从而更好地促进体育课程改革策略的实施。

2. 重视发挥学校的作用

学校在体育课程实施中发挥着非常重要的作用,如果没有学校层面的具体实施,那么,所制定的体育课程标准即使再科学合理,也只能停留在理论层面上,不可能通过实践而成为现实。因此,不管对何种策略加以采用,都应将学校的重要作用充分重视起来,并引导学校采取相应的措施来发挥自身的价值。

3. 重视对体育教师的培训

体育教师在体育课程实施过程中发挥着核心作用。因此,实施新的体育课程首要前提是促进体育教师对体育课程的观念与认识的转变,促使体育教师对与新课程相适应的知识与技能进行学习与掌握。从这一角度来看,对体育教师的培训至关重要。

为加强体育教师队伍建设,应从以下两方面着手。

(1)尽快解决教师缺编问题,促进教师业务素质的全面提高,加强对青年和中年体育教师的培养。

(2)积极采取措施改善体育教师的福利待遇,加强师资激励与管理制度建设,对体育教师进修、科研等予以鼓励,具体可以从以下几方面努力。

①招聘体育院校的优秀毕业生。

②着力提升现有教师的学历层次,鼓励在职教师继续接受教育。

③鼓励教师积极参与体育教研活动,改善体育教师的科研环境,促进集体备课制度的完善。

④提高体育教师的工资水平,完善各项补助,对体育教师面临的困难和问题尽力解决,使每个体育教师都能集中精力做好体育教学及科研工作。

⑤引入竞争机制与激励机制,增强体育教师的竞争意识。

⑥促进教师奖惩制度和职称评定制度的完善。

(七)改善体育教学设施条件

体育课程教学发展的基本条件是必要的体育经费投入,只有具备了资金条件,才能着手场馆建设工作。体育课程教学与训练工作的开展需要具备充足的体育场地器材,这是最重要的物质基础。目前工作环境不理想,运动场地与设施跟不上体育工作的需求是影响体育教师工作积极性的一个主要原因,因为缺乏必要的硬件条件,体育教师的手脚被严重束缚,体育课程改革也难以进一步深入。

近年来高校学生人数急速增加,学生的体育需求不断增加,原有的体育场馆和器材设施无法满足越来越多的学生需求,这不但影响了正常的教学秩序,还对学生课外体育锻炼的积极性造成了负面影响,体育主管部门对此应予以重视。

具体来说,对体育课程教学设施条件的改善应从以下几方面着手进行。

(1)对现有场地与设施进行科学安排、合理利用,提高资源利用率,尽可能为学生提供良好的活动场所,多开辟空闲场地,充分利用校园空间对丰富的小型体育设施进行合理安装与设置,创建良好的体育环境,避免学生因场地不足而放弃体育锻炼。

(2)有关部门加大体育经费投入力度,加大运动场地建设与器材硬件设备的购买力度,对场地与设施的维修与保养制度进行制定与实施。体育经费不足对体育课程教学功能的发挥造成了直接影响,因此,院校领导要加强体育财力资源的管理,专款专用,争取从上级部门申请到更多的经费支持,引进社会资助,加强与社会场地场馆的合作,对周边环境和器材进行创造性的开发与利用,借此资源开展形式丰富的体育课程。

(八)积极引入高科技设备

体育课程教学创新也可从体育教学辅助设备中体现出来,体育教师要运用新思路、新方法对体育课程发展中的问题进行分析和解决,加强对体育教学器材的创新性运用。在运动员技术动作要领、战术理论分析中采用多媒体教学工具只能从定性角度进行分析,而有关运动员相应的动作参数是无法通过这一途径获取的。借助于高科技设备可以对运动员进行人体建模,教师可以对运动员的技能参数(身高、体重、最佳站姿、出拳速度、力矩等)进行科学计算与分析,这样就能够使学生的竞技动作更加规范,使学生通过不断练习将自身的潜能最大限度地发挥出来,最终促进运动技能水平的提高。

(九)加强课外体育活动的组织管理

课外体育活动也是体育课程的重要组成部分,因此,要加强这部分内容的组织与管理。

(1)积极调动学校的一切力量,如体育教师、辅导员、班委、学生会干部等,加强对课外体育活动的组织、指导以及管理。

(2)严格按照制度要求组织学生课外体育活动,明确课外体育活动的规范和要求,做好指导工作。提高学生参加课外体育活动的积极性,培养学生的体育锻炼意识与习惯。

(3)把课外体育活动和体育课堂教学同等重视起来,鼓励体育俱乐部、体育兴趣小组举办课外体育活动,学校从资金、人力以及其他方面予以支持和鼓励。

(4)开展丰富多彩的校园体育竞赛活动,鼓励学生积极参与,通过组织竞赛培养学生的竞争与合作意识,丰富学生的课余生活。

(十)构建多元化的体育课程教学评价体系

多元化体育课程教学评价体系指的是体育教育者以体育培养目标、教学任务和要求以及学生个性发展的需要为依据,反映对教师的教和学生的学评价体系上的多元化及多样性。素质教育理念要求在体育课程教学中建立多元化的体育课程教学评价体系,该体系的建立也是因材施教教学原则的要求,是发展和满足学生个性需要的要求,同时,也是体育教育多类型、多规格、多层次发展的需要,建立多元教学评价体系有助于深入改革与创新体育课程教学理论与实践。

体育教师要充分利用体育教育内容、形式以及方法等特性进行创新评价,不能采用千篇一律的固定模式进行教学与评价;要通过构建适合不同类型课程的多样化考核模式来评价学生的学习效果,在具体考核环节可运用闭卷、开卷、口试、作业等多种形式,同时也要加强体育课程教学反馈机制的完善。

第二节　信息技术与体育课程整合的概念、模式及原则

一、信息技术与体育课程整合的概念

(一)信息技术与体育课程整合概述

关于信息技术与体育课程整合的概念,可以从以下两个方面来进行解释。

1."大整合论"

在"大整合论"下,课程的概念较大。信息技术与体育课程的整合可以理解为在体育课程的整体中融入信息技术,使课程内容和结构发生改变,使整个体育课程体系产生变革。这一理念下信息技术与体育课程整合的概念主要有以下两种观点。

(1)信息技术与体育课程整合指的是通过以信息技术为基础的课程研究,对信息化体育课程文化进行创造。它针对教育领域中信息技术与学科课程的割裂和对立问题,通过信息技术与体育课程的双向整合,促进实现师生合作的课程与教学组织方式和发展以人为本的新型体育课程与体育教学活动样式,对整合型信息化体育课程新形态进行建构。

(2)信息技术与体育课程整合指的是信息技术与体育课程结构、内容、资源以及实施等有机融合成为一个整体,从而改变课程的各个层面和各个维度,进而促进整体变革的实现。

"大整合论"的观点能够引导人们从课程的整体角度对信息技术在体育课程中的地位和作用进行思考。

2."小整合论"

"小整合论"的观点认为课程与教学等同,那么,信息技术与体育课程的整合就可以理解成信息技术与体育教学的整合。在这里信息技术是以工具、媒介和方法等角色向体育教学的各个层面(教学准备、教学过程、教学评价等)渗透

的。在当前信息技术与体育课程的整合实践中,这种观点是一种主流观点。人们对于信息技术作用的认识,从不同视角出发有不同的结论,这在信息技术与体育课程整合概念的分化中可以体现出来。

在研究与实践中,一般来说,专家学者持"大整合论",认可"小整合论"的大多是一线教师和教研人员。

在信息技术与体育课程整合的研究中,要对体育教学实践层面的问题多加关注,不能简单地认为新的教学手段与传统教学手段叠加在一起就是信息技术。广义层面而言,体育课程整合指的是分化了的体育教学系统要形成一个有机整体的过程。狭义层面而言,体育课程整合是各相关学科及学科内部的整合,即把体育学科和其他学科联系起来整体学习。在这个过程中,课程系统的各要素相互联系、相互融合,构成整体。

体育课程整合能够使学生在学习中将不同的知识逐步掌握,从而促进综合素质的提高。体育课程整合强调体育与其他学科的联系,避免过分强调各学科的不同与差异,防止各领域孤立或相互脱节,影响整体效果。

(二)体育信息技术课程整合的特征

1. 体育信息技术课件的特征

(1)运动动作图像化。受体育专业教学方式的影响,直观教学作为体育专业传授技艺和学习技能的重要手段之一越来越被重视。从 20 世纪 50 年代起,我国体育专业领域就有人把专业运动员在比赛或训练中的场面用电影摄像机拍下来,再放给运动员看,用以纠正运动员的动作。在体育信息技术课程资源开发的过程中,教师可以通过对运动数据的捕获、生理生化和心理数据的采集、图示化训练效果分析,提高体育信息技术课程资源的有效性及其质量。它的最大特点是能够稳定或慢速甚至重复显示动作的方向、位置、路线以及身体各部分的相互关系,便于突出动作的关键部分,有利于观察和分析技术和战术。

(2)图像动作仿真化。从运动技术这一视角来看,运动成绩要获得提高或者突破就必须在运动技术研究方法学上完成两个转变,即从传统的主要基于人眼观察的方法到基于高精度运动捕捉与分析的人体运动技术测量方法的转变;从基于包含太多的感情色彩的经验方法到基于程序化的人体运动模拟与仿真的人体运动分析方法的转变。运动技术仿真是要通过虚拟现实技术再现学生的技术动作等细微环节、教练员的训练意图以及训练过程。运用虚拟现实技术,可以细化体育课动作的展示,例如对同一姿势,学生就可以从不同的角度去观察动作要领。

(3)动作仿真微格化。随着计算机辅助教学技术的进步,体育教学的一个重要内容是讲解技术动作的分解变化过程、与技术动作相关的步伐或姿势变化过程、集体项目战术配合中的队员位置及运动线路变化过程等。到了20世纪80年代中后期,由于摄像机的普及,在专业运动训练领域,采用微格教学相似的方法来纠正运动中的错误动作和技术的现象比较普遍。20世纪90年代以后,在一些体育院系,就开始针对体育教育专业进行提高课堂教学技巧的微格教学活动。

2.体育信息技术课程特征的具体表现形式

(1)技艺性。从当前人们对体育课程的学科性质与特征所持的基本共识可以得出,体育课程是通过身体活动进行的教学和教育,是一门"技艺性"的学科。这就决定了体育信息技术课程的认知过程不同于一般文化课程的认知过程,是一种身体认知,也就是说,体育信息技术课程既要使学生掌握必要的体育理论知识,同时也要通过多媒体课件,演示体育运动动作,把教师很难示范清楚的技术环节,用动画或影像采用慢动作、停镜、重放等方法表现出来,并给予必要的分析和讲解。例如,以球类(羽毛球)网络课程为例,制作羽毛球技术动作图。在授课之前,教师要让学生看懂并理解图中的动作,初步建立动作概念,学生通过看图并想象网前勾对角线技术动作,使学生头脑中的技术动作形象更加逼真。采用慢动作、停镜、重放等方法重复多次,使动作概念逐渐由模糊到清晰。当然,技艺性特征中也涵盖了体育信息技术课程的目标、课程的功能等方面。

(2)动态性与非线性。动态性是指体育信息技术课程的学习内容是及时更新的、可生长的。它可以不断吸收本学科领域最新的科技成果和前沿信息,保持学习内容的不断更新;也可以在教学过程中,通过教师和学生不断扩充新的内容。非线性是指体育信息技术课程的内容结构方式是非线性、超链接的,这是由Web本身的特性所决定的。非线性的信息表达方式有助于培养学生的联想式、发散式思维。

(3)多维性与多元性。多维性是指体育信息技术课程内容表现形态的多维性。网络课程的内容可以通过文字、图形、图像、声音、动画和视频等多媒体形式来表现，可以二维模拟、三维仿真，还可以通过虚拟现实技术实现多维的教学信息传递。多元性是指体育信息技术课程具有多种文化特性，体现了多种不同文化的集合。一方面，由于体育信息技术课程的开放性和扩展性，通过 Web 实现跨地区、跨国界的网站链接，使得体育信息技术课程的内容构成上具有多种文化的成分；另一方面，在教学活动过程中，不同地区、不同国家、不同文化背景的人共同参与网络课程的学习、讨论、交流和协作，他们具有不同的思维方式和表达方式，使得教与学的过程充满了不同文化的融合和碰撞，从而形成了多元文化的特性。

(4)整合性。整合性是指体育信息技术课程体现了信息技术、信息资源、信息方法、人力资源、课程内容和现代教育思想的整合，是一种新型课程模式。

(三)体育信息技术课程整合的目标

课程目标是课程开发的起点和归宿，它直接影响整个课程的设计、开发方向，决定着课程的实现与收效。明确体育信息技术课程的目标不仅可以兼顾课程教学内容的逻辑体系，而且可以兼顾教师的教与学生的学，兼顾课程的内容与社会的需求的关系。我们以体育教学论网络课程为例，体育教学论网络课程的目标就是要结合体育学科本身的特点、教育目标、培养目标、学生特点以及社会需求而制定，包括以下四个目标：①使学生掌握体育教学基本规律，指导其当下的专业学习以及今后的体育教学实践工作；②使学生把握体育教学的基本要素，客观地认识体育教学本质，建立起宏观与微观、局部与整体、理论与实践对立统一的整体体育教学观；③使学生掌握体育教学方法，提高教学技能；④推动体育教学研究、完善体育教学理论。

(四)体育信息技术课程的重点、难点及解决办法

作为一门理论课程，体育教学论网络课程的重点是理论部分的教学；作为一门实践性非常强的理论课程，体育教学论网络课程的教学又离不开体育实践。针对体育专业本科学生理论比较薄弱的特点，理论课教学要直观化、层次结构化、案例化；针对本科学生缺乏大量教学实践经验的问题，构建体育教学论的理论结合实践的校内平台，使学生的理论学习成果实现有效及时的迁移和运用，为此需要建立教师协作组织，将实践课程教师纳入进来，使专业教师首先掌

握和随时运用"体育教学论";针对学生对一线教学实际了解不够的问题,需要建立学生课外理论结合实践的校外平台(如中小学实习基地),布置课外实践观摩作业,提高理论结合实践的能力和水平。

二、信息技术与体育课程整合的模式

(一)信息技术课程——信息技术是学习的对象

开展体育信息技术课程主要是为了正确使用信息技术,从而发挥信息技术在体育教育中的作用。开设信息技术课程可对学生利用信息技术解决问题的能力进行培养。在课程整合理念下,信息技术课程模式因具体操作流程的不同而显示出一定的差异。

一般可以将信息技术与体育课程的整合分为以下两种基本的课程模式。

1.带疑探究—讲授示范—动手操作型

(1)教师以课程教学目标为依据将具有吸引力或探究性的问题向学生提出,并激励和引导学生思考与探究,引导学生将已有信息技术利用起来,探寻解决问题的方法。

(2)教师将问题分解为若干信息技术学科知识点传授给学生,接着进行示范操作。

(3)学生按照教师的示范与讲解试着独立操作,从而掌握知识和技能。

(4)教师对学生的学习进行评价,并组织学生相互之间进行评价。

2.任务驱动——协作学习型

(1)教师以教学的重难点为依据对融合了信息技术的教学目标和任务灵活设计。任务系统呈梯状,由易到难具有层次性。

(2)教师给学生呈现教学任务,让学生自主选择合作伙伴,协作学习、共同探究。学生在探索学习中发现信息和资料后要分享给小组其他成员,小组内互相交流,共同学习。

(3)教师进行总结性评价。考查学生对信息技术的应用能力是评价的重点。

(二)与其他学科的整合——信息技术是教学工具

信息技术辅助下的体育课堂教学有多种表现形式,下面主要分析几种常见的表现形式。

1.自主—监控型模式

自主—监控型模式是在网络教室里学生将教师提供的教学资源利用起来进行学习,教师对学生的学习过程进行监控,及时为学生提供辅导。在这个模式中学生可以根据自己的需要使用网络资源。在教学过程中教师全程参与学生活动,"手把手"对学生进行交互辅导教学。

自主—监控型模式的实施程序如下。

(1)教师从教学目标出发来分析与处理教材,决定用什么形式给学生呈现教学内容。

(2)学生接受学习任务后由教师指导,利用相关资料或信息进行独立学习或协作学习。

(3)教师总结教学内容并作出个别化评价。

2.群体—讲授型模式

群体讲授型模式是在同一时间内对整个班级群体进行同样内容的教学,这里所运用的信息技术是作为教学手段出现的。这种模式的优势主要表现在以下几方面。一是集文字、图片、声音、图像的表达于一体,使体育课堂教学活动更加生动有趣;二是时间、空间和宏观、微观等因素对此不构成限制,便于促进教学重点和难点的突破;三是简单、容易操作,能够将教学内容快速、及时地呈现出来,促进体育教学效率的提高。群体—讲授型模式的实施步骤如下。

第一,教师备课时对教学内容进行研究,教师可以自己设计课件,也可以从资源库里选。

第二,教师在课上利用课件创设教学情境,将教学信息展示给学生,引导学生思考。

第三,教师做总结。

3.讨论型模式

师生通过网络交流实现实时和非实时的讨论,这是讨论型模式的基本特点。这种教学模式一般用于教师提出问题,学生讨论问题的教学过程中。学生的讨论不管是实时,还是非实时,教师都要认真倾听,善于发现学生的优秀思维,同时,也要敏锐观察学生的问题,并给予指导。讨论结束后,教师进行总结和评价。

讨论型模式可以使学生克服自己的心理障碍,真正参与讨论,畅所欲言。这种讨论容易调动学生的积极性,但花费的时间也比较多,该模式的基本步骤如下。

(1)教师以教学目标为依据分析、处理教材,决定教学内容的呈现形式,并向学生呈现课件或网页类的教学内容。

(2)学生接受任务后由教师指导查阅资料或信息,进行独立学习或协作学习,利用信息技术完成学习任务。

(3)师生共同开展学习评价、反馈。

在整个教学过程中教师要重视学生学习的主体作用,培养学生的创新精神和协作能力。

(三)研究型课程——信息技术是学习工具

研究型体育课程与科学研究的方式类似。在这一整合模式下,学生积极参与学习与研究,利用信息技术多渠道分析、归纳、整理各种资料,从中提炼信息,同时运用各种信息工具对科研过程进行体验,探索指导实践的理论依据。

研究型课程中的整合任务是课后的延伸,打破了传统的单一学科学习的框架,依据学生不同的认知水平,以主题活动的形式呈现社会生活中学生感兴趣的问题,让学生在研究中完成任务,达到课程目标。

学生的主体性和参与的过程性在研究型课程中更加突出。在整个研究过程中,学生自主设计研究方案、实施方案,到最后完成任务,教师只是在学生选题和对资料的收集和分析中提供基本指导。教师虽然提供一般性指导,但依然有很重要的作用,这与研究性学习的成败有直接的关系。

在组织研究性学习的整个过程时,关键在于如何确定研究主题,这需要对学生的认知能力、年龄特点充分考虑,循序渐进地完成。

总之,信息技术与体育课程的整合是提高体育教学效率的重要途径,是使整个体育教学系统保持协调一致的重要方法。

(四)体育课程实施模式的含义

1.体育课程实施模式的定义

课程实施模式是指在某一思想的指导下,根据教育对象的主体需求和客观的课程情境而设计的相对稳定的实践程序。体育课程作为学校课程的重要组成部分,在具有课程实施模式共同特点的同时,又具有体育课程自身独特的规律。体育课程实施模式是指在"健康第一"思想的指导下,为实现体育课程目标,根据中小学生的年龄特征和体育需求及客观的体育课程情境,遵循体育活动的基本规律而设计的相对稳定的体育课程实施的运作程序。

2.体育课程实施模式的特点

体育课程实施模式具有较强的理念引领性,即体育课程实施模式是在一定的指导思想引领下构建的,是为实现体育课程目标服务的。指导思想和目标体系不同,体育课程实施模式必然也不同。

体育课程实施模式具有鲜明的实践操作性,即体育课程实施模式并不止步于理论阐释,其更为重要的使命是构建一种较为稳定的实践操作程序,供一线教师参考运用,以确保体育课程的指导思想和目标体系能在学校体育的实践工作中得到有效落实。

体育课程实施模式具有达成路径的多样性,即体育课程实施模式的具体达成路径并不是唯一的,而是多元的,主要包括体育教学、课外体育活动、校本体育课程等,这些路径相辅相成,共同构成了体育课程实施模式的整体。

3.体育课程实施模式的构建

体育课程实施模式构建的主要步骤:确立指导思想→明晰目标体系→分析课程情境→设计实践路径→编选课程内容→创设操作程式。体育课程实施模式具有一定的稳定性,即体育课程实施模式一经形成,便在相对较长的时间内成为一种较为稳定的实践操作程式。

(1)确立指导思想。"健康第一"一直是我国基础教育体育课程的指导思想,体育课程实施模式的构建应确立"健康第一"的指导思想。

(2)明晰目标体系。新课程根据学生全面发展的需要确定了"课程总目标—学习方面目标—水平目标"的三级目标体系。需要特别强调的是,新课程目标体系的编制是基于以学生作为行为主体的,即学生通过体育课程学习预期达到的效果,在体育课程实施模式中应该称之为学习目标。

(3)分析课程情境。体育课程情境主要包括学生的年龄特征、体育需求等主体条件,以及体育场地、器材、设施、师资、社区文化等客观条件,准确地分析体育课程情境是构建体育课程实施模式的前提条件。

(4)设计实践路径。体育课程实施的实践路径主要包括体育教学、课外体育活动、体育校本课程三个方面。体育课程实施模式实践路径的设计要在准确分析体育课程情境的基础上,扬长避短,充分发挥各种体育课程资源的作用,最大限度地促进学生的身心发展。

(5)编选课程内容。体育课程内容具有多样性和可替代性的特点,且"课程标准"给体育课程实施留下了很大的空间,体育教师可以根据学校和学生的情况选择课程内容。在编选体育课程内容时,要特别注重体育课程内容的实效性、健身性和趣味性。

(6)创设操作程式。体育课程实施模式的操作程式是指在体育课程实践工作中相对固定的运作程序和方式,它是构建体育课程实施模式的最后环节。体育教学、课外体育活动和体育校本课程具有不同的特点,因此,也应分别创设不同的运作程序和方式。

三、信息技术与体育课程整合的基本原则

信息技术与体育课程的整合需贯彻以下几项基本原则。

(一)正确运用教育理论来指导信息技术与体育课程整合实践

信息技术与体育课程整合的实践离不开相关教育理论的指导,其中现代学习理论为此奠定了重要的理论基础。每个教学理论都有自己存在的合理性与正确性,但没有一种教学理论在教学实践中是绝对普适的。换言之,无论哪种教学理论都不可能是教学实践中唯一的指导理论,不能将其他教学理论取代,否则,就会产生二元分立的思维方式,这样很容易为了克服一种片面性而陷入其他的片面性。经常运用到体育课程整合实践中的教学理论有以下几种。

1.行为主义学习理论

有些体育知识需要机械记忆,而且体育课程中关于操练和训练的教学内容占主导地位,这些内容的教学都可以在行为主义学习理论的指导下进行。

2.认知主义学习理论

在激发学生学习兴趣、控制和维持学生学习动机方面,认知主义学习理论发挥着关键的指导作用。

3. 建构主义学习理论

建构主义学习理论倡导给学生提供建构理解所需要的良好环境和自由空间,让学生自主学习、探究学习。

(二)根据体育教学对象合理选择整合策略

人类的思维有抽象思维、形象思维、有序思维、随机思维等不同的类型。不同的人,其思维类型和学习类型可能不同,他们的学习效果直接受其学习环境和学习方法的影响。

体育教学实践发展表明,有的学生对于外来信息主动加工的积极性较差,他们更喜欢充满人际互动与交流的学习环境,如果有专门的指导和明确的讲授,他们更容易学到知识与技能;而有的学生在学习活动中喜欢独立学习、探索,结构松散的教学方法或个别化学习环境更能够提高他们的学习效率。

所以,应该根据不同学生的学习特点有针对性地进行信息技术与体育课程的整合,采取的整合策略要有多样性、多元化和多层次的特点。

(三)在"学教并重"教学设计理论的指导下开展体育课程整合的教学设计

"以教为主"的教学设计和"以学为主"的教学设计是目前流行的两大类教学设计理论,因为二者各有特点,所以将其结合起来,取长补短是最理想的方法。"学教并重"教学设计理论的形成就是二者有机结合的结果。这种理论与"新型教学结构"(既发挥教师的主导作用,又充分体现学生的主体作用)的要求是相适应的。

在运用"学教并重"教学设计理论进行体育课程整合的教学设计时要注意不能简单地将计算机网络、多媒体等以计算机为基础的信息技术看作是教师"教"的手段,而更应当强调它们是学生"学"的工具,它们作为认知工具与情感激励工具促进学生自主学习。在体育课程整合中,整个教学设计的各个环节都要贯彻这个理念与原则。

(四)根据学科特点对整合的教学模式进行构建

每个学科都有自身固有的知识结构和学科特点,体育学科同样也不例外。为此,应该将信息技术利用起来对接近生活的真实语境进行模拟和创建,为学生的反复练习提供良好的机会。在体育教学中应注意对学生的观察能力、解决问题的能力和实践能力进行培养,在理论知识教学中为帮助学生准确理解与深刻记忆,应采用形象和直观的讲解;在实践技能教学中关键是对学生的活动能力和操作能力进行培养,所以不能完全依赖计算机的模拟实验。因此,在信息技术与体育课程整合中应根据体育学科的特点选择正确的整合策略。

(五)个别化学习和协作学习的有机结合

信息技术为体育课程教学与整合提供了重要的实践平台。我们可以采用多种教学方法实现同一教学目标。同时,信息技术与体育课程整合对"具体问题具体分析"的原则重点进行强调。不同学生也可以采用不同方法和工具来完成同一任务。个别化的教学策略有助于促进学生主动性的发挥,有助于因材施教方案的落实。

现代社会要求人们具有协作精神。因此,在现代学习中要求多个学生对同一问题发表各自不同的观点和看法,并基于综合评价和相互合作来完成学习任务。互联网的出现为学生的协作学习提供了重要的工具与平台。因此,在体育教学中既要为学生提供独立学习机会,又要指导学生相互合作,培养学生的独立能力与协作精神。

第八章 信息化视野下体育教师信息化能力培养

第一节 新时代体育教师的特征与基本素质

一、新时代体育教师的特征

现阶段我国已经进入了新时代,在新时代的引领下,体育教育事业也迎来了新的发展机遇,同时,也对体育教师提出了新的要求。新时代背景下体育教师应该具备以下特征。

（一）不断学习新知识的能力

新时代的体育教师必须具备学习新知识的能力,不断更新自己的教学观念,要培养学生主动探索真理,启发学生进行自主学习,教会学生掌握学习方法。让体育教师真正成为学习的引导者。

体育教师需要在掌握教材的基础上不断获取新的体育教育知识信息,并将其编辑成为教学的课件,或者制作成幻灯片、投影片、学习指导书、参考书、影视资料或电子课件等多种形式,为学生提供多样化的学习方式。运用计算机及网络技术发布自己的研究成果、学习导读、知识介绍并开展多种形式的讨论、交谈以及咨询等活动,从而使体育教学更加活跃,进而提高信息化教学的能力。总之,体育教师要保持不断学习新知识的能力。

（二）较高的综合素养

体育教师不仅要具备坚定正确的政治思想与强烈的事业心、责任感,还要有一定的个人修养与品质,做到严于律己、以身作则、谈吐文雅、衣着整洁、举止文明、精神饱满等,能够坚决抵制拜金主义、享乐主义、极端个人主义等腐朽思想的侵蚀,对自己所肩负的"传道、授业、解惑"的重任有清醒的认识。

体育教师要严格要求自己,在品德、技能、人格等方面不断完善,并潜移默化地去影响学生,全身心地服务学生,以自己的知识和品德去点燃学生智慧的火花,做一个"捧着一颗心来,不带半根草去"的品德高尚的人。

(三)扎实的体育学科理论知识

体育教学离不开身体运动,所以,体育教师首先要了解人体运动时各器官的结构与生理机能的变化特点和规律,从而实现锻炼学生身体、增强学生体质的教学效果,避免给学生的身心健康造成不必要的伤害。因此,体育教师只有以坚实的基础理论知识为指导,才能更好地完成教学任务,让学生的身心获得更好的锻炼。

为使学生在体育教学过程中真正掌握体育基础知识和基本技能,形成一定的体育能力,体育教师应该更好地掌握体育的地位、本质功能和一般规律特性,明确我国体育教育的目的任务、体育教学规律、特点与教学原则、方法等体育理论知识。同时,还应该掌握各个运动项目的基本理论、动作技术、战术、规则、裁判方法及各个运动项目的技术和战术教学与训练的原理、方法。因此,体育教师要不断充实更新自己的专业知识,并将新知识与新观点不断纳入教学实践中。

为了更好地进行教育教学,在体育教学中要了解并掌握学生的心理特点,掌握向学生传授知识、技能的方法与技巧,这是体育教师必备的知识和能力。体育教师要熟练运用教育学、教学论、学校体育学、教育心理学、运动心理学、运动训练等学科的原理与方法,通过适当的教育方法和教学技巧将自己的知识、技能传授给学生,从而促进学生身心的全面、和谐发展。

体育教师还应该不断丰富自己的知识结构,除了掌握体育教学中所必需的知识外,还应该掌握体育社会学、体育人类学、体育史、体育哲学、体育美学、体育行为学、体育管理学、奥林匹克等相关学科的知识,不断开阔自己的视野,发展自己的教学思维。在体育教学过程中,善于运用这些知识来处理教学过程中遇到的问题,有助于让学生获得更多的知识,同时,也丰富了自身的育人方式与形式。

(四)高超的运动技能

为了更好地进行体育教学,体育教师还应该熟练掌握至少一项运动技能,体育教师应该在体育运动技术全面发展的基础上有自己的专项特长,从而促进学生更好地进行体育学习。具体表现为规范熟练的动作示范,把握动作技术的环节,及时发现并合理纠错等。这种能力的培养与提高,除需不断地钻研运动技术理论、学习新技术新动作外,还要注意根据不同的教学对象的教学在实践中积累经验。

(五)较强的科研创新能力

教学过程也就是进行科学研究的过程。现代教育要求体育教师不只是一个"教书匠",同时,还应该具有强烈时代感、不受固有观点与模式的束缚、积极探索、勇于发现、努力开拓新领域,做一个在创新中生存、在开拓中发展的科研型教师。科学研究能够提高教师的业务以及理论水平,有助于教师接受新的知识信息,了解掌握新的动态,站在学科发展的前沿,使体育教学更有新颖性、丰富性与时代的气息。科研能力同时也是衡量一名优秀体育教师的重要标准,教师的素质只有在教育科研以及教改实验中才可以实现真正的提高。

(六)良好的社交能力

体育教师应该树立新时代的新形象,通过与不同人群的交流沟通,让社会更加了解体育教师工作的真实意义,创造学校体育工作的外部条件以及环境,展现体育教师各个方面的才能。同时,体育工作本身也是一项具有最广泛群众基础的工作,学校体育教育不仅是体育教师的责任,与班主任、少先队、共青团、后勤管理等部门也有密切的联系,不仅要面向全体学生,也要面向社会。因为广泛的社会接触更有助于学生的教育,同时,也有利于全民健身计划更好实施。

二、新时代体育教师的基本素质

(一)思想政治素质

在新时代的背景下,体育教师首先应该具备较好的思想政治素质。体育教师每天都在跟学生打交道,他们所具备的思想政治素质会对学生的思想政治素质产生直接的影响。

在新时代的背景下,体育教师更要树立坚定的共产主义信念,树立实现共产主义的崇高理想;在教学工作中体育教师要兢兢业业,一丝不苟,热爱并无私地奉献教育事业;积极宣传和传播热爱祖国的思想;传播并捍卫真理,研究并吸收体育学科的优秀成果,对教学内容进行不断创新,改进教学方法,正确引导学生学习和认识事物的发展规律。

(二)身心素质

体育教师要想更好适应新时代的发展,必须具备良好的身心素质。体育教学工作对体育教师的身心素质提出了更加严格的要求,无论是备课、上课、课余锻炼与训练还是进行科研攻关,都需要体育教师投入满腔的热忱。这就要求体育教师具备充足的体力、脑力以及心理承受力,因为艰辛、复杂、繁重的教学任务必须有一个健康强壮的体魄,才能承担辛苦的劳动,完成学校体育教学的各项任务。

(三)能力素质

教师的能力与教学效果有密切的相关性。因此,体育教师能力的大小是影响教学效果的一个重要因素。体育教学的学科特点使它对体育教师的能力要求不同于其他学科,特别是组织与管理能力、教学综合能力、学习知识的能力、创造能力以及科研与应用现代化教学手段的能力等,这些都是有效地完成体育教学工作目标所必备的重要素质。

从学习知识的能力方面来看,在科学技术迅速发展的今天,人类的知识时时刻刻都在突破和增加,体育教师只有具备一定学习知识的能力,才可以不断充实更新自己的知识,适应时代发展的潮流。体育教学多在室外进行,表现出开放性与动态的特点,这就要求体育教师一定要具备很强的组织与管理能力,从而保证体育课教学顺利进行。体育教师只有及时了解并学习本学科的前沿知识,不断了解教学改革的新动态,努力开展教学研究,才能创造性地开展教学工作,开创学校体育教学的新局面。面临信息社会和数字化时代的到来,怎样获取信息、处理信息、运用信息以及创造信息来提升运用现代化教育手段的能力,成为体育教师适应新时期教学需求的一种重要的能力素质。

第二节　体育教师信息化教学
能力的特点与构成

一、体育教师信息化教学能力的特点

(一)复合性

随着信息化社会的到来,体育教学对体育教师教学能力的要求已不再局限于单一地去传授体育知识和技能,还要求体育教师具有技术化的知识内容、技术化的教学方法、技术化的协作教学。体育教师的信息化教学能力是复杂多样的,在信息化的教学环境中体育教师必须具有信息化教学的传授能力,同时,还要具备促进不同学习风格和不同学习策略的学生进行信息化学习的能力,从而使因材施教在信息化社会中真正得以实现。总之,在信息化社会中体育教师的信息化教学能力呈现复合性的特点。

(二)关联性

体育教师的信息化教学能力是由各种子能力构成的,这些子能力之间是相互联系、相互关联的。信息化教学能力是建立在一定教学能力基础之上的,如学科教学内容的能力、一般教学法的相关能力、基本的教学技术能力等基础能力。体育教师必须对体育教学内容具有清晰的认识,掌握一些必备的体育教学方法,并具有一定的体育教学技术能力。

(三)发展性

现代社会是一个信息化社会,变化和发展迅速。为了满足不同学习对象的学习发展与能力提升的需要,体育教师必须具有一定发展性的信息化教学能力。另外,在信息化社会中信息技术的更替周期逐步缩短,体育教师必须主动适应这种动态变化的发展,以适应教学改革与发展对教师能力结构提出的新要求,在信息化社会中体育教师自身的专业发展也是动态的、终身的,体育教师必须不断完善和发展自身的教学能力结构。因此,体育教师的信息化教学能力具有一定的发展性。

二、体育教师信息化教学能力的构成

(一)体育教师信息化教学能力的知识结构

体育教师信息化教学能力的知识体系主要包括三个层次,具体如下。

1.第一个层次

第一个层次主要包括体育学科理论知识、一般教学法知识、体育教学法知识和教学技术知识,这四个方面的知识是体育教师信息化教学能力的知识基础。

2.第二个层次

第二个层次的知识主要包括信息化学科知识和信息化教学法知识,这两类知识构成了体育教师信息化教学能力的知识主体。

3.第三个层次

第三个层次的知识是体育教师信息化教学能力的最高要求,主要指的是信息化体育教学知识体系,是体育教师可以熟练运用各方面的信息技术进行体育教学的能力。

(二)体育教师信息化教学能力的能力结构

1.迁移能力

(1)信息化教学横向迁移能力。信息化教学横向迁移能力主要指教师将一种信息化教学情境中的教学经验创造性地应用于其他新的信息化教学情境中的能力,是教师对原有信息化教学能力结构的拓展与延伸。在体育信息化教学情境中,体育教师对教学情境的把握、教学活动和教学方式的策略选择、教学媒体的应用、教学活动的程序等,都要依据自身的体育教学经验和借鉴他人的成功做法。通俗地说,就是举一反三、触类旁通。

(2)信息化教学纵向迁移能力。信息化教学纵向迁移能力主要是指教师将学习获得的知识技能应用于解决信息化教学中的实际问题、应用于现实的信息化教学活动中的能力。对于信息化问题的有效解决就需要通过迁移,从这个意义上看,迁移也是信息化教学知识技能向信息化教学能力转化的关键,通俗地说,就是学以致用。

2. 融会贯通能力

(1)信息化体育知识能力。其指将信息技术与体育知识融合的能力。信息技术与体育知识相互融合,形成体育知识的新形态。原有体育知识形式的新呈现、内容的新拓展是体育教师将体育知识信息化的一种能力体现。

(2)信息化教学能力。其指将信息技术与一般教学法融合的能力,是信息技术同一般教学法相互融合后形成的一种新的知识类型。需要教师具备将信息技术与一般教学法融合的能力,同时,还需要教师可以驾驭信息化情境中的一些基本的教学原理和教学方法。

(3)信息化体育教学能力。其指将信息技术与体育教学法融合的能力。信息技术与体育知识及一般教学法相互作用形成的一种特殊知识形态,需要教师具备教学技术知识、体育教学法知识,当然更需要体育教师具备将教学技术与体育教学法融合的能力。只有将信息技术与体育理论知识、体育教学方法相互融合,发挥各类知识内容与各种方法策略的优势,才能使教师在新的体育知识形态和新的体育教学方法与策略的基础上实现体育教学效率和效果的有效提高,才能使体育教师信息化教学能力得以提升,从而促进不同学生学习能力的全面发展。

3. 合作交往能力

体育信息化教学的合作交往能力,主要是指体育教师和学生在信息化教学情境中要彼此交换思想与感情,促进师生间的交流与沟通,实现学生体育能力发展的能力。

体育信息化教学的合作交往能力是体育教学活动中师生的信息化互动,是信息化的教学交往实践,体现了教学中教师与学生之间的关系。信息化教学既是知识、技能的传授过程,也能促进学生学习能力发展的过程,因此,体育教师与学生之间必须进行有效的沟通和交流。信息化教学中的教学方式体现出选择化和互动性的特点,学生的学习方式也走向了合作、对话、交流、探究与实践。其主要包括体育课堂信息化教学交往能力和虚拟信息化教学交往能力。

(1)体育课堂信息化教学交往能力。其指在体育课堂信息化教学情境中体育教师与学生的交往能力。在体育课堂信息化教学情境中需要实现师生之间的多元化交往,需要定位师生之间新的教学交往关系与角色。

(2)虚拟信息化教学交往能力。其指在虚拟的体育信息化教学情境中体育教师与学生的教学交往能力。信息化教学交往能力在更多意义上指的是虚拟信息化教学交往能力,在虚拟的学习环境中师生之间的有效教学交往是保障学生学习效果的前提条件。

4.教学评价能力

(1)对学生体育信息化学习的评价能力。信息化社会中的教学评价既要关注学生个体的发展和个体的差异,又要关注信息化情境中学生创造性的学习能力和综合素质的提高;既要关注对学生信息化学习中知识技能的评价,又要关注对学生信息化学习中实践能力发展和情感培养的评价。实现从单一的评价方式向促进学生全面发展的评价方式的转变。

对学生体育信息化学习的评价具有很强的导向性,强调以促进学生体育信息化学习能力的发展、创造性实践能力的提高为评价的主要价值取向。

(2)对自身信息化教学的评价能力。对自身信息化教学的评价,是以促进教师有效教学为目的的教师信息化教学质量评价,是比较注重结果的评价,更加强调以促进教师专业发展为出发点的发展性评价,注重帮助教师不断提高自身的教学能力和相关业务水平。

第三节　体育教师的培训及信息教学能力培养

一、体育教师的培训

(一)体育教师的职前培训

1.体育教师职前培训的意义

(1)职前教育是终身教育的一部分。当今社会的经济和文化等各个领域的信息、知识和技术都在快速发展,因此,个体的发展必须跟得上社会发展的步伐才能不被淘汰。教育事业关系着一个国家和民族的未来,因此,在教育事业中有着举足轻重作用的教师必须不断地学习,并将学习贯彻自己的一生,才能把更多、更新的知识传授给学生,才能促进全民素质的提高。体育教师作为一类与学生身体素质关系密切的特殊人群,也必须建立终身学习的意识,以适应社会发展的需要。

当前的学习化社会使终身教育和学习的理念被越来越多的人接受。作为教育工作者,体育教师也开始逐渐认识到仅靠职前的师范教育来培养高校体育教师是远远不够的,体育教师的培训是一个永无止境的过程,教师走上工作岗位的从教经历对其终身学习以及未来的发展有着至关重要的影响。

新教师走上工作岗位后,前几年的从教经历对他们的终身学习及未来的发展和提高有着至关重要的影响,因此,新教师入职教育应被看作在职继续教育的一部分。

(2)职前培训能促进新教师的专业成长。接受长时间的训练和入职辅导是教师专业化的一个必要条件。一名成熟的教师所应具备的各种知识技能中绝大部分来自工作经历。

一项对中学优秀教师各种特殊能力形成时间的研究表明:除了语言表达能力以外,教师教学所必需的其他能力,如处理教学内容的能力、运用教学方法和手段的能力、教学组织和管理的能力、科学研究的能力、与学生交往的能力等有65%以上是在任职以后形成的。

职前培训能使新教师消除从教育教学理论走向教育教学实践的失落感,有助于缩短新教师对新环境的适应期、提高新教师在教学生涯中的生存概率、加速新教师的成长。因此,新教师的入职教育有助于加速新教师的成长,缩短新教师成为一名优秀教师的成长周期。

(3)职前培训有助于完善教师任用制度。入职培训是教育制度和教师资格认证制度的重要组成部分。一名学生只要在师范院校中能修满规定的学分,获取一定的学历以后,即可获得教师资格。几年的师范学习成了从事教师工作的永久性通行证。而教师资格证是否能真正反映和表现在校师范生的教学能力却值得思考。

教育教学活动对教师的理论知识和实践能力要求较高,对教育教学这样一个极具实践性的专业来说,新教师必须经过实践的检验和磨炼才能发现自己是否适合或能够胜任教师这一职业。新教师入职教育制度可以有效解决教师专业素质标准不统一和难以判断的问题,对完善教师任用制度也是十分有利的。

2.体育教师职前培训的目标

(1)培养具有现代教育理念的体育教师

基础教育课程改革中,教师教育观念的变革和现代化是关键所在。现代教育观念包括的内容有很多,其中较为主要的有素质教育观、创新教育观、情商教育观、终身教育观等。具体来说,第一,素质教育观是要造就有理想、有道德、有文化、有纪律的德智体美劳全面发展的人才;第二,创新教育观是要培养学生有为人类文明创新的理想,培养丰富的想象力、批判性思维、发散性思维和创造性思维的能力,培养分析、解决问题的能力和创新能力;第三,情商教育观是要培养学生珍惜生命、尊重人权、爱护环境、爱护自然的理念,培养善于和他人相处、理解并关心他人、具有爱心的性格,对教师来说还要求他们爱护和关心学生,善于和学生合作,善于指导学生,能成为学生的良师益友;第四,终身教育观是要培养学生建立终身学习、终身接受教育和培训的观念,具备在信息技术条件下独立学习和协作学习的能力。

由此可以看出,每一项现代教育观念都有其各自的特点。从实质上来说,这些现代教育观念中素质教育观又包含了创新教育观、情商教育观和终身教育观的所有内容。在一定意义上,素质教育观既是核心又是现代教育观的全部。

(2)培养综合知识和能力的体育师资

专业基础知识是体育教师的立身之本、从业之本。因此,具有扎实的专业基础知识是非常重要且必要的。由于中小学的体育教学在教学内容上要求体育教师具有多方面的技能,而不仅仅是一种技能。一种技能只能满足一种教学内容的教学要求,只有具有多种技能才能使多种教学内容的教学要求得到最大限度的满足。因此,具备扎实的专业基础知识是做好体育教师的首要条件,也是高等体育教育专业培养未来体育师资的重要目标。

但是对一名优秀的体育教师来说,仅有丰富且深厚的专业基础知识也是不够的,这也是许多专业技能很好的优秀运动员退役后却做不了一名优秀体育教师的主要原因。体育教育作为教育之一,归根结底是培养人的活动,这种活动涉及人的情感、认知、意志、动机、态度等多个学科领域,只有掌握好这些学科领域的知识及运用方法,才能使这种培养人的活动更加有效。因此,对以培养未来体育师资为主要任务的高等体育教育来说,在目标定位上不能把视野仅局限在发展未来人才的专业技能上,而必须同时兼顾专业技能和人文社科知识的教育。

（3）培养具有良好信息技术能力的体育师资

在信息化时代,掌握和运用信息的能力是任何行业的从业者高效开展工作的重要保证。作为体育教师来说,从书本上获取知识固然重要,但书本在传递知识上毕竟具有滞后性,在信息咨询快速发展的今天,靠书本来获取知识显然已不能满足体育教师把握职业前沿发展的需要。而一名体育教师要想使自己的教学工作跟上教育改革的步伐,使自己的教学能力得到持续的提高,把握职业前沿发展动态则是一件必须经常要做的事。因此,作为一名未来的体育教师具备良好的信息素质就显得非常重要。作为培养未来体育教师的高等体育教育来说,在职前教育阶段提高体育教师的信息素质就应该成为其培养目标之一。

体育教师信息素质的培养涵盖的内容有很多,其中最主要的有以下几个方面:①对体育教师的信息意识的培养,意识决定行动,良好的信息意识是体育教师主动获取并利用各种信息资源的前提条件。②对体育教师筛选信息能力的培养,在咨询快速发展的今天,信息像潮水一样源源不断地涌入我们的视野,在这种情况下,从大量的信息资源中筛选出健康有用的信息的能力就成为体育教师高效准确利用信息的重要保证。③对体育教师使用现代信息工具的能力的培养,随着电子技术的快速发展,信息传递已突破传统的口耳相传、书籍转载的途径,电视、网络、光盘等新的信息传播途径日新月异,掌握这些新型的信息工具,能够使体育教师更加便捷高效地获取和处理相关信息。

（4）具有一定科研实力的体育师资

科学研究能力是新时代人才的三张通行证之一。体育教师必须在大学阶段得到体育科学研究的初步训练,具备一定的科研能力,从而使参加工作后的外在压力得到有效减少,进而使从事体育科研的主动性得到有效增加。这里科研能力的培养包括的内容有两个方面:一方面是学术内容的掌握,具体来说,就是对学科前沿的理论知识的理解和吸收;另一方面是学术思维的形成,具体来说,就是对研究问题方法的熟练运用及发散性思维的形成。

3.体育教师职前培训的改革对策

(1)以中小学为职前教育基地。当前我国教师职前教育最大的问题是与中小学实践脱节,新教师走上工作岗位后面临的最大挑战是适应。对实践的适应必须在实践中进行,因此,新教师工作的第一年必须是终身经验学习的开始,实地经历的提供应成为新教师入职教育的最重要的举措。

现阶段以中小学为入职教育基地,重视中小学在新教师入职教育的重要地位有利于提高教师的实践教学能力。具体来说,入职教育的主要承担者不应是大学或其他教师培训机构,而应当是来自中小学教育第一线的有经验的教师或专家。新教师在这些作为"师傅"的专家教师的指导下以"艺徒"的身份进行教学实习,掌握课堂教学的常规,学习教学的技能。因此,实地经历的效果在很大程度上取决于见习学校的氛围和带教老师的水平。具体来说,当前以中小学为基地进行新教师入职教育必须做好以下两方面的工作。

①选择好培训基地。带教师傅的经验可能是不足或片面的,见习学校的风格也可能是单一的,因此,见习学校的选择就成为影响新教师入职教育成效的关键因素。

②加强培训基地的建设。实地工作环境的规范和文化氛围直接影响新教师对教学专业的认同和适应,也直接影响新教师的生涯发展和专业发展。如果作为入职教育基地的中小学依然以教师之间的排斥合作和相互隔绝为主流文化,那么,新教师将被置于自生自灭的境地。可见,重视中小学在教师入职教育中的作用是十分必要而且迫切的。

(2)以教学能力为本,并进行良好反思。在教学过程中应该以教学能力为本,并且做好反思,应该做好以下几个方面的工作。

①必须以当前有关教师效能的研究所提出的有效教师的标准为依据,并将其作为第一年的新教师确立能力标准的参考,将之作为新教师入职教育的主要目标,并以此作为试用期满后获取正式的职业资格的考核指标。

②必须赋予实习教师更多的自主学习时间,使之能进行个别化的、更富弹性地学习。

③必须充分强调教育教学所必需的特定的技能、技巧——如课堂管理、提问、备课、评估、视听设备的运用等。但必须指出,第一年的工作并不单纯是为

了适应,更关键的是为将来进一步的专业发展打下良好的基础。能力不仅仅是技能、技巧,也不仅仅是知识和知识的运用。

(3)建立并完善辅导教师制度。以老带新是我国新教师培养的重要途径。在新教师进入工作岗位后,由有经验的教师进行"带教"的传统在我国由来已久且较为普遍地得到实施。如前所述,辅导教师制度是教师入职教育制度的核心。老教师与新教师之间辅导关系的质量直接影响教师入职教育的成效。为了保证老教师与新教师辅导关系的质量,应从以下几个方面着手促进二者之间的关系。

①将辅导教师的选择和培养制度化。指导新教师的工作应该由优秀的老教师负责,在带教的师生关系中辅导教师必须具备扎实的教育教学基本功、丰富的教育教学经验,辅导教师的年龄、性别、个性特征等都有可能影响带教的质量,所以,学校应当对辅导教师进行严格的选择,并根据新教师的特点来为他们确定辅导教师。一些具备丰富经验的教师可能不具备有效的带教技能、可能缺乏支持和帮助新教师的有效策略,学校还应当与大学、教师培训机构或校际的教师发展中心进行全面的合作,培养高素质的辅导教师。

②为老教师与新教师提供指导便利。具体来说,就是保证老教师与新教师有足够的机会共同工作和活动,并使这种活动制度化,在带教过程中需要老教师与新教师频繁互动,带教质量也正是以双方的频繁互动、有效交流为基础的。辅导教师对新教师教学活动的指导、观察和评价,双方共同参与的讨论、研究等活动的经常性和制度化,正是带教质量的最重要操作保障。为此,有学者建议,为了便于互动交流,带教关系的双方应当任教同一学科、同一年级,并且双方的教学场所应当处于邻近的位置。在这些活动中,辅导教师能否以尊重、信任的态度热情地对待新教师,新教师能否虚心真诚地请教和接受辅导教师的指导,将是影响带教质量最关键的因素。

③保证带教活动有充足的时间并给予其制度保障。由于承担了一部分指导和学习工作,因此,必须适当减轻辅导教师和新教师的日常工作量,这不仅是双方工作的必需,对辅导教师而言,时间也是影响其带教积极性的重要因素,而对新教师而言,这将有助于其有充分的时间总结教学经验,取得进步。

(4)建立入职教育政策保障体系。促进教育改革切实保证新教师能接受系统的入职教育,建立健全我国新教师入职教育的政策保障体系,对新教师入职教育推行有效的政策乃至法律的保障。具体来说,应做好以下工作。

①加强"名师"工程的建设,提高名师的资格条件要求,将教师培养当作名师资格的最重要的条件之一。

②将教师入职教育纳入教师资格和任用制度,使之成为获取教师资格及进入教学专业的必要条件。

③将教师培训进修的权力下放到学校一级,将实地活动纳入教师继续教育范畴。

④将辅导教师的培养纳入教育硕士培养系统之中,在师范类学生的学习内容中增加带教技能的训练。

(5)建立教师资格申请制度,并赋予中小学的带教教师对教师的资格和任用的更大的发言权。大学要在教师入职教育中发挥更大的作用,应当逐步将教师入职教育过渡为学历性的教育,分配一些师范专科学校和中等师范学校以学历性的教师入职教育任务,能使它们在教师的培养中切实发挥作用。

(二)体育教师的在职培训

1. 体育教师在职培训的必要性

(1)体育教学能力提高的需要

经过专业教育与培训后,体育教育毕业生掌握了扎实的体育专业知识和出色的专业技能,这样才能熟练地给学生做示范动作,提高教学的质量。但需要注意的是,具备了丰富的专业知识和技能,并不能说明其他方面的工作能力强,这和他们的职业能力有关。与其他学科一样,体育教学也要贯彻全面发展的教育方针,注重师生双边活动。但是体育教学主要是从事各种身体练习,教学过程中学生身体要承受一定的运动负荷,且存在组织工作较复杂等问题。体育学科的特殊性决定了体育教师有着不同于其他学科的职业能力,如体育教学能力、运动训练能力、组织管理能力、表达能力和自学能力,五种能力体育教师缺一不可。对照五种能力不难看出,从体育院校毕业的学生可能过于注重专业知识的学习,而忽略了实践技能的培养。总之,体育教师的职业能力培养不是一时一日能完成的,需要长期地学习和培养才能得到提高。

(2)知识结构不断完善的需要

在体育教学中体育教师不仅承担着重要的教学工作,如课堂教学、课外体育活动的组织、课余训练工作的开展、课余竞赛的实施等；另外,由于体育实践活动具有一定的危险性,因此,要求体育教师还必须具有一定的现场急救能力。由此可见,在体育教学中体育教师扮演的角色非常复杂,承担着繁杂的教学工作。在这样的情况下,复杂的角色及繁杂的工作对体育教师的知识结构提出了更高的要求。一名优秀的体育教师不仅应当具有扎实的学科专业知识和教育教学方面的专业知识,还应该具有较强的组织管理能力和处理应急事故的能力。

体育教学是处于不断发展之中的,新的教育理念、教学内容、教学方法等的出现与推广都需要体育教师进行重新学习。否则,体育教师就很可能脱离时代而发展,远离体育教学实际。因此,在这样的形势下体育教师只有不断丰富和完善自己的知识结构才能满足体育教学的需要。尽管体育教师可以通过自学的方式来完善自身的知识结构,但个人的经验总是有限的,而且从学习效率和全面性来说都不如通过正规的有组织的在职教育形式。正规的有组织的在职教育,可以对体育教师知识结构上存在的普遍问题进行集中解决,尤其是在传递新的教育观念、教学方法等方面,依托高等教育结构的有组织的在职教育形式更具有优势。可以说,一名优秀的体育教师需要通过不断的学习来完善自己的知识结构。只有自身知识结构得到完善了,才能教好学生,提高体育教学质量和水平。

目前总体来看,我国体育教师的知识结构还存在着发展不均衡的现象。在一些偏远山区学校,体育教师并未接受过系统的专业训练,大多数都是依靠自己的经验进行教学,这种状况对我国体育教学发展是非常不利的。因此,从我国体育教学的整体上的均衡发展来看,这一部分体育教师还急需通过一种再教育的形式来完善其知识结构。

（3）自学能力不断提高的需要

体育教师要想得到不断地发展和成长就需要不断地提高自学能力,促使自身得到进一步的发展,以适应体育教学的要求。

体育教师的学习不仅包括有组织的、系统的学习方式,同时,还包括自学的内容。有组织地、系统地学习可以帮助体育教师在共同的知识领域取得共同的进步,而自学却可以帮助体育教师形成自己独特的教学风格。然而自学并不简单地等同于一个人独自学习,因为自学的效果更取决于良好的自学能力。自学人人都会,但良好的自学能力并不是人人都具有。良好自学能力的获得一方面靠个人的摸索,另一方面更需要通过接受教育来获得。在大学阶段体育教师由于课程任务重,大多数时间都用于集体的、有计划的课堂学习中,其自学能力的发展受到一定程度的限制。而在职教育的形式和内容都更为灵活,体育教师作为在职学习者主动参与教学活动的自由度更大,更可能在学习中主动表达自己的观点,这对发展体育教师的自学能力来说有较大的益处。

此外,不同形式的在职教育可以激发体育教师个体自学的动力。体育教师应认识到学无止境的重要性,只有继续学习、深造,才能适应工作的需要。在实际教学中学习老教师的丰富经验,学习青年教师的新思想、新思路,互相切磋,取长补短,只有这样才能提高自己的综合素质与水平,进而促进教学质量的提高。

(4)满足体育教学改革的需要

在现代体育教育改革不断深化的条件下,体育教师的整体素质和水平得到了很大程度的提高,由此可见,体育教学改革在其中起到了重要的作用。在体育教学改革的过程中,体育教师的再教育和在职培训占据了重要的部分,这极大地解放了体育教师的思想,有助于体育教师建立丰富的知识体系,以满足体育教学的要求。

2.体育教师在职培训的特征

(1)在职教育内容由学科性向综合性转变

在 20 世纪 90 年代以前,体育教师的在职教育主要是围绕每个学期学校体育教学的重点和热点开展的。如 20 世纪 50 年代至 60 年代初期,体育教师在职教育(培训)的主要目的是上好体育课,通过明确体育教育的目的转变教学观念,贯彻体育教学大纲,掌握体育教材教法,提高教学技能等,适应当时学校体育教学的基本需要。

新时代时期,特别是基础教育新的课程体系在课程的功能、结构、内容、实施、评价和管理等方面都体现了一种综合性的趋势和要求,它强调了不同学科知识之间的沟通与融合,对体育教师的知识、能力等整体素质提出更高的要求。因此,在职教育的内容也由此转向全面提高教师综合性、多元化学科与专业结构的横向综合素质的发展上来,转变教育观念、提高师德修养、掌握现代教育技术、更新与拓展知识成为这一时期在职教育的主要内容。

（2）在职教育模式由单一型向多样化转变

在职教育对体育教师的发展来说非常重要,因此,建立和形成一个稳定的教育模式对于体育教师来说是非常有利的。教师的在职教育培训模式主要是指在基础教育领域内根据教师在职教育的目的、任务和要求,对取得教师资格的在职教师实施教育的一种较稳定、有个性的格局、形式和过程。在职教育模式主要包括教学模式和组织模式两种。由于我国在职教育研究起步较晚,对在职教育具有的实践性、创新性、层次性、针对性、个体性、反思性等特征还缺乏深层次的理论研究和实践验证,因而,在职教育的模式自觉或不自觉地沿袭了学历教育的模式,课堂讲授的教学模式和集中统一的组织模式长期统治了中小学教师在职教育的全过程,受教育者完全处于被动的支配地位,学习的主动性和积极性得不到良好地发挥。

新时期受国外体育教育培训模式的影响,院校培训模式、校本培训模式、研培结合培训模式、自修—反思模式、学分驱动培训模式、导师制培训模式、案例培训模式、区域资源整合模式等在我国各高校中得到了广泛的应用,对我国体育教师的在职培训具有重要的推动作用。

（3）在职教育目标由提高学历向提升质量转变

随着我国高等体育教育事业的快速发展,本科教育的逐步普及,体育教师学历达标率得到不断提高。新时期,我国教育的改革发展要求教师队伍建设实现从"数量扩张型"到"质量优化型"的转变。体育教师在职教育的重点由以提高学历层次为本向转变教育观念、提高师德修养、掌握现代教育技术、拓展和更新知识、全面提升质量新平台方向发展,体现了终身教育的理念和教师专业化发展的特殊内涵。

3.体育教师在职培训的策略

（1）教育行政部门不断完善相关培训制度

各级教育行政部门要不断完善教师在职培训机制,使之法规化和制度化。建立适当的在职培训评价体系和激励机制,尤其要注重边远山区和欠发达地区体育教师的培训工作。培训机构应增强使命感和责任感,在配合、指导、推动体育基础教育改革的过程中不断调整培训目标、课程体系和教学内容,积极探索新的办学形式、培训模式和教学方式,注重培训过程的系统性、层次性和连续性。还要建立教师培训档案,加强跟踪教师培训与考核,融管、培、用为一体,做到使学员听有所闻、看有所思、学有所用,从而形成开放的、充满活力的、适应新时代要求和体育基础教育需求的体育教师培训体系。

(2)树立体育教育的新理念

要想促进体育教师在职培训的发展,学校各级领导要转变和更新体育教育的思想观念,实现体育教师培训由"被动型"向"自主型"的转变。而要想实现这一转变,首先,要树立正确的教育思想观念,因为教育思想观念是培养未来合格人才的先导,是实施素质教育的先决条件。体育教师在培训过程中要意识到在职培训是体育教师教育的一个重要组成部分,教师要适应未来学校体育教学工作,逐步树立开放教育、创造教育、终身教育及素质教育的观念等;其次,体育教师应成为体育与健康课程资源的研究者和开发者,成为教学的组织者和指导者。因此,体育教师的在职培训应以树立新观念和掌握新理论、新知识、新技能、新方法为出发点,增强学习的自觉性、积极性和主动性,不断学习和充实自己,树立不断提高、不断发展、不断完善的价值取向。

(3)建立恰当的在职培训课程体系

建立一个符合体育教师在职培训目的的课程体系,是提高体育教师在职培训质量的关键。在设计体育教师在职培训内容的过程中既要处理好职前培养与在职培训的关系,又要充分体现培训的特点,同时,也要处理好各阶段、各层次体育教师之间的关系,做到前后连贯,有序衔接。同时,还要处理好在职培训课程设计之间的各类关系,做到沟通融洽。体育教师在职培训内容除了包含体育学科知识、体育教师职业有关知识和教育基础理论知识外,还必须立足于体育教学的实际,紧密联系体育教育实践,加强师德教育,把现代科学技术、国内外教育改革与发展理论经验、体育教育发展的最新成果及时纳入培训内容中,用现代教育思想、教育理论、教育技术和新的学科知识来指导体育教师的教学实践,从而加强对教师的教育科研创新意识与创新能力和运用现代教育技术能力的培养。只有这样,才有利于教师提高创新能力和实践能力,适应体育与健康课程的需要。此外,培训内容也必须在理论与实践上都有一定的现实意义和可操作性,要突出针对性、实效性和先进性,体现多样性,充分满足来自不同地区体育教师的需求,以便培训过程中能按需施教、学用结合。

(三)体育教师继续教育的新方向

1.更加注重培训办学主体的多元化

我国中小学体育教师继续教育工作起始于我国改革开放初期,大致经历了继续教育的酝酿时期、学历培训与继续教育相互交织的时期以及继续教育的全面实施时期。进入 21 世纪以来,随着我国教育改革的日益深化,体育教师继续教育培训主体单一化的局面正在改变,培训的办学主体更加具有多元性和丰富性,逐步向教育学院、师范院校、体育院校、省区市(县)教研机构、在职学校,甚至综合性大学等多元主体方向发展。在现阶段,由于我国高等教育办学结构的调整,独立设置的成人高校性质的教育学院已经完成历史使命,有的已经转型为普通高校,有的被合并到师范类普通高校,有的转型为教育科学研究院(所)。教育学院原来承担的培训任务逐步分流,这正符合培训办学主体多元化的发展趋势。

2.培训目标具有更强的针对性

体育教师的专业发展大致可以划分为适应期、发展期和成熟期三个阶段。适应期是指从普通高校毕业进入到体育教师工作岗位的 1~2 年,这一阶段的主要特点是熟悉、了解并适应中小学体育工作的特点,实现从高校学习生活向中小学职业生活的转型;发展期是指担任体育教师 1~2 年后相当长的一段时间,这一阶段的主要特点是在初步适应了中小学体育教师职业生活的基础上,进一步把握中小学体育教育教学工作的规律,不断提升各种专业技能;成熟期主要是中小学体育教师职业生活的中后期,这一阶段的主要特点是教师的各种专业技能已经达到了驾轻就熟的状态,能熟练地完成各项工作任务。很显然,在体育教师专业发展的不同阶段,其在理论知识、专业技能等方面的需求存在着显著差异,因此,制定培训目标需要具有更强的针对性。

培训目标的针对性还体现在对体育教师专业发展不同需求的关注上。发达国家体育教师的继续教育,普遍以终身教育理论为指导,既关注体育教师教育教学技能的改进和提高,以帮助体育教师追求体育教学的成功为目标;也关注体育教师的职业成熟与人格发展,促使体育教师技能提高与个性完善协调发展。各国体育教师继续教育发展的一个共同特点是强调以体育教师专业发展为本位,追求体育教师继续教育的人文教育价值,既注重直接提高体育教师显性的教育教学技能,同时也考虑到体育教师个人的整体发展,体育教师继续教育的目标从单一走向多元。具体表现为,既为了促进体育教师教育教学技能的进一步成长,提高体育教师促进学生身心健康发展的技能;也为了促进体育教师对自身使命的理解和感悟,促进对个人职业意义的思考和认同。

在人文教育与科学教育走向融合的 21 世纪,任何职业的成熟都不能无视职业所蕴含的人文价值,体育教师职业更是如此。特殊的工作对象、工作职能及独特的教育教学方式决定了体育教师的素质不仅仅表现在运动技能的传授和体育与健康知识的教学上,更在于体育教师在体育课程实施过程中的创造性发挥,熟练地运用专业知识和技能,以自身的人格魅力影响学生,以体育文化的独特优势培养学生的人文素质。然而,我国传统的体育师资培养模式由于受重技术轻理论、重竞技轻教育、重专业轻文化思想的影响,注重竞技体育理论与实践知识的传授,体育哲学、体育人类学、体育美学、体育史学等体育人文学科没有受到应有的重视,体育教育专业学生的体育文化素养没有得到应有的提升。在这样的背景下,培训目标的多元化理所当然地成为我国体育教师继续教育的发展方向,具体表现为既要关注体育教师的专业发展,又要关注他们人文素养的提升。

3.课程设置更加科学化

科学合理的课程设置有利于实现体育教师继续教育的目标,有效地促进体育教师的专业发展和个性成长。体育教师继续教育的课程设置不同于学历教育的课程设置,但又是建立在学历教育课程基础上的扩展和延伸,有助于使体育教师形成符合时代发展需要的教育教学理念,形成以受训教师为主体,进行研究性学习为基本形式的新型教学体系。从体育教师继续教育的发展趋势来看,课程设置越来越受到人们的重视。各国体育教师继续教育课程设置的共同走向普遍表现为:针对性与层次性相结合,指导性与实效性相结合,理论性与实践性相结合。

为了推动体育课程的实施,与之相对应的体育教师继续教育课程设置应该有所创新,无论是课程结构还是课程内容都应适应这种需要。培训课程应该贴近教师教育教学工作的实际需要,注重教学能力和科研能力的提高。体育教师继续教育的课程设置,既要满足普适性的要求,也要照顾到不同层次、不同人群个性化学习的需要;既有通识性必修课程,也要有满足不同需求的选修课程,使课程设置保持一定的灵活性、针对性和可预期的实效性。模块化的课程设置方法有利于课程设置的科学化,例如,为服务体育课程改革而设置的新课程模块,为提升体育教师理论水平而设置课程与教学论模块,为提高体育教师课堂教学能力的课堂实践模块,为发展课外体育活动能力而设置的大课间体育活动模块,为提升教师科研能力而设置的体育科研模块,以及为提升体育教师教育教学理论知识而设置的通识课程模块,等等。

(四)培养体育教师反思性自主发展的意义和方法

1.体育教师反思性自主发展的意义

教学反思是体育教师实现自主专业发展的重要途径,教师在不断反思与探究的教学过程中提升自己的专业水平和教育教学能力,这既是体育教师自身发展的需要,更是体育课程与教学改革的需要。体育课程的有效实施离不开教师不断地进行教学反思这一重要环节。

2.教学反思的含义

反思是一种对于任何信念或假设性的知识,按其所依据的基础和进一步结论而进行的主动的、持久的、周密的思考。实际上早在两千多年前我国伟大的教育家孔子就有过"教学相长"的精辟论述。据《礼记·学记》记载:"是故学然后知不足,教然后知困。知不足然后能自反也,知困然后能自强也,故曰:教学相长也。"孔子关于教与学、教与思的观点,至今仍闪烁着智慧的光芒,给新课程的教学实施带来启示。

反思的本质是一种理解与实践之间的对话,是理解与实践两者之间相互沟通的桥梁,又是理想自我与现实自我心灵上的沟通。教学反思是指教师为了实现有效教学,对已经发生或正在发生的教学活动以及这些教学活动背后的理论、假设,进行积极、持续、周密、深入、自我调节性的思考。它是教师教学认知活动的重要组成部分,贯穿于教师的教学生涯。教学反思是一种有益的思维活动和再学习活动,不仅仅是头脑内部的"想一想"(自己与自己的内部对话),而且是一个不断实践、学习、研究的过程,是自己与自己、自己与他人更深层次的对话。

3.教学反思的方法

教学反思就是教师自觉地把自己的课堂教学实践作为认识对象而进行全面、深入的冷静思考和总结,从而进入更优化的教学状态,使学生得到更充分的发展。根据进行教学反思的时间,可把教学反思分成:"课后思""单元思""模块思""学期思"和"学年思"等几种类型。

教学反思是一种回忆、思考、评价教学经验的活动,是对过去经验的总结,是思考、反省、探索教育教学过程中存在的问题。要求体育教师在课程实施的实践工作中不断反思自身教学活动,并在"实践—反思—再实践—再反思"的过程中不断提升自身的专业水平。其主要方法有反思随笔、反思日记与反思教案。

(1)反思随笔

反思随笔即教后想想,想后写写,有感而发,有感而记。可以在课上、课后随机摘记,可以在书中、教案中、自己头脑中留下痕迹,或对课上的教学机制或一个小小的引导失误进行反思,想一想,动动笔。反思随笔看似小,贵在及时,贵在坚持,贵在执着的追求,一有所得,及时记下,有话则长,无话则短,以记促思,以思促教,日积月累就可以实现从量变到质变的飞跃。通过对教学过程的认真记录、对教学细节的真实描述、对真实案例的描述分析以及反思与交流,可以随笔记录下每一次的发现,每一次的成功与失败,每一次经验的获得与积累,每一次教师、学生的变化,每一次教学事件,等等。

(2)反思日记

反思日记是指教师将自己教学实践的某方面,连同自己的体会和感受诉诸笔端,从而实现自我监控的最直接、最简易的方式。从本质上讲,反思日记是把反思这一单纯的内省活动外化,通过对反思日记这一工具不断地分析、回顾、研究,以改进自己的教学方式,提高自身的反思能力。也就是在一天的体育教学工作结束后,教师自己写下自己的教学经验、教训或困惑,并与其他教师进行交流,分析成败得失,提高教学水平,促进自身及学生的发展。反思日记的内容主要有成功之举、失误之处、教学机制、学生见解、再教设计等。

二、体育教师信息化的教学能力培养

(一)体育教师信息化教学能力培养的宏观策略

1.进行职前和在职培养

体育教师信息化教学能力的发展是一个系统的过程,进行职前与在职培训是体育教师信息化教学能力发展的重要促进环节,两者是紧密结合的。通过职前培训可以使体育教师系统掌握信息化教学技术的知识和能力,为下一步体育教师在体育教学过程中运用信息技术打下了坚实的基础;通过在职培训可以让体育教师及时学习最新的信息化教学技术,并可以与更多的体育教师进行沟通交流,从而提高自己的信息化教学能力。

2.传统方式与网络方式相结合

在发展体育教师的信息化教学能力时应该将传统方式与网络方式结合起来,传统方式主要是通过面对面地教授和交流来提高体育教师的信息化教学能力。信息化社会中人们获取信息资源的渠道已经多元化,体育教师实现自身信息化教学能力发展时的知识获取、教学经验分享、教学研讨、协作教学等都可以通过网络方式来获取和实现。因此,可以将传统方式和网络方式结合起来促进体育教师信息化教学能力的提升。

3.自主学习与合作交流相结合

在信息化社会要想获得信息化能力的提高,体育教师必须不断提高自主学习的能力,以适应社会发展变化和教师专业成长的需要。体育教师可以通过自主学习一些信息化教学技术,提高自身的信息化素养。同时,要与其他体育教师进行合作交流,进行教学观摩、教学研讨等,也包括教师与学生、教师与专家的交流对话。在信息化社会中体育教师既要进行面对面的协作交流,又要发展虚拟的、远距离的、跨时空的协作交流的能力。

(二)体育教师信息化教学能力培养的微观策略

1.掌握基本的教学技术软件

体育教师首先应该掌握基本的教学技术软件,这是信息化教学能力的基础。如掌握教学办公软件,特别是PPT演示文稿,这是最常用的技术,并学会运用计算机掌握和获取一些教学素材。还要利用业余时间学习一些多媒体技术,提高多媒体技术能力,从而不断提高体育教师的信息化教学能力。

2.参加一些网络技术培训课程

随着知识经济的到来,网络和新媒体上出现了各种培训课程,包括网络技术培训课程等。这些课程往往是付费的,专业性比较强,体育教师可以通过付费参加这些网络技术课程的学习,不断提高自己的信息化教学能力。

(三)向其他教师请教和学习相关经验

每一名教师的信息化教学能力水平都是不同的。由于体育课程的缘故,平时上课用到信息技术教学的时间比较少,而其他学科教师却不同,他们要经常使用信息技术手段进行教学。因此,体育教师可以向其他教师请教和学习相关工作经验。同时,也可以向信息技术教学能力比较突出的体育教师进行请教,从而不断提高体育教师的信息化教学能力。

参考文献

[1]蔡昌文.高校健美操课程教学及现代发展[M].延吉:延边大学出版社,2020.

[2]韩月清.高校健美操教学模式改革研究[M].长春:吉林大学出版社,2020.

[3]李慧.高校体育教学改革与科学化训练研究[M].沈阳:辽宁大学出版社,2021.

[4]李佳.高校体育教学内容建设:以健美操教学为例[M].北京:现代出版社,2023.

[5]陆丹华.新形势下高校健美操创新发展研究[M].长春:吉林人民出版社,2020.

[6]鲁春娟.高校体育健美操教学模式与训练方法研究[M].北京:中国纺织出版社,2023.

[7]罗铮子.现代教育理念下的健美操教学实践探究[M].长春:吉林出版集团股份有限公司,2023.

[8]聂东风.体育与健康运动专项版[M].西安:西安交通大学出版社,2023.

[9]漆新贵,王东强,陈本炎.一流应用型本科教育教学改革研究——重庆文理学院的探索与实践[M].北京:我国广播影视出版社,2021.

[10]任晋军,王肖天.普通高校竞技体育品牌建设研究[M].上海:上海交通大学出版社,2020.

[11]田刚,闫俊峰,符谦.生命在于运动[M].上海:上海交通大学出版社,2020.

[12]王操惠.高校健美操文化与训练实践研究[M].北京:北京出版社,2021.

[13]王海.大学生体质健康的多维监控与运动健身指导[M].北京:中国书籍出版社,2020.

[14]王红震,陈婷婷,余锦.大学体育与健康[M].西安:西安电子科技大学出版社,2023.

[15]王丽丽,许波,李清瑶.教育技术在高校体育教学中的实践探索[M].长春:吉林人民出版社,2021.

[16]王曙亚,毛俐亚.四川省高校体育教育专业健美操专修教学内容的优化研究[M].北京:我国水利水电出版社,2020.

[17]王子卓.高校健美操课程建设与教学研究[M].北京:我国书籍出版社,2023.

[18]温宇蓉,郭亚琼.基于体质健康视角的体育教学优化创新研究[M].北京:中国书籍出版社,2021.

[19]向菲菲.高校健美操训练与教学研究[M].沈阳:辽宁大学出版社,2023.

[20]徐宝丰.高校大学生健美操核心素养的培育与训练研究[M].北京:中国书籍出版社,2023.

[21]严美萍.高校健美操与校园体育文化的协同发展研究[M].长春:吉林大学出版社,2020.

[22]叶伟,宋鑫平.军队院校体操训练教程[M].长沙:国防科学技术大学出版社,2021.

[23]郁方.高校健美操运动与教学研究[M].长春:吉林大学出版社,2020.

[24]张冰妹.高校健美操课的教学优化研究[M].北京:中国纺织出版社,2020.

[25]张锦锦.健美操发展创新思考与技能训练研究[M].吉林人民出版社,2021.

[26]张润红.高校健美操教学理论与实践[M].长春:吉林人民出版社,2023.

[27]张晓.高校现代健美操教学的创新研究[M].北京:北京工业大学出版社,2023.

[28]钟贞奇.大学生体育健康与体育运动[M].长春:吉林人民出版社,2021.

[29]周春娟.新时代健美操人才的培养与发展研究[M].北京:原子能出版社,2021.

[30]朱晓菱,倪伟.体育健康与实践[M].上海:上海大学出版社,2021.